RENATE GÖCKEL

Warte nicht auf **schlanke** *Zeiten*

Ein Buch für starke Frauen

Kreuz

Mensch, sei gut zu deinem Körper, auf dass deine Seele Freude hat, darin zu wohnen.

Teresa von Avila

Inhalt

An die dicke Frau

Neulich spürte ich es ganz deutlich, dieses Gefühl.

Es war Samstag, und ich ging in die Stadt. Dort bummelte ich hierhin und dorthin, schaute nach Diesem und Jenem und fühlte mich unbeschwert und gelassen. Als ich durch ein Kaufhaus schlenderte, fiel mein Blick in einen der vielen Spiegel. Ganzkörperbild, unvorbereitet.

Ich zuckte unwillkürlich zusammen. Das war ich? Das Gesicht blass, von eiskaltem Neonlicht beleuchtet. Und die Klamotten!

Am Morgen hatte ich vor dem Kleiderschrank gestanden und mir gedacht: Du musst ja heute nicht zur Arbeit, also ziehst du etwas Legeres an. Meine Wahl war auf eine blaue Jeans gefallen. Unverwüstlich und freizeitgeeignet. Dann entdeckte ich noch eine blaue Seidenbluse, die ich schon jahrelang nicht mehr angehabt hatte. Ein paarmal hatte ich bereits damit geliebäugelt, sie in die Altkleidersammlung zu geben. Leider ist sie noch recht gut erhalten, und so durfte sie dann doch immer wieder bleiben.

Eigentlich könntest du sie ja mal wieder anziehen, dachte ich mir, zumal sie ganz toll zu der hellblauen Jeans passte. Da es morgens noch etwas frisch war, beschloss ich, ein Unterhemd anzuziehen. Unterhemd und Bluse stopfte ich in die Hose und legte einen blauen Wildledergürtel dazu an. Dieser – ich gebe es zu –

hatte ebenfalls bereits ein paar Jährchen zuviel auf dem Buckel. Dazu zog ich meine bequemen (sprich: ausgelatschten) blauen Stoffschuhe an.

Als nun dieses Ganzkörperbild auf mich prallte, war mit einem Schlag alles anders. Die Jeans ausgebeult, die Taille unförmig vom hineingewurstelten Unterhemd und der Bluse. Der Gürtel dehnte sich bereits derart, dass das verwendete Gürtelloch eher oval als rund war. Die Bluse erschien mir wie ein dünner faltiger Lappen, und die ach so bequemen flachen Stoffschuhe ließen meine Beine so kurz erscheinen, dass ich mich erst einmal daran gewöhnen musste.

Schlagartig fühlte ich mich unwohl.

Da ich mit meiner Figur im Großen und Ganzen zufrieden bin, bezog ich die Unzufriedenheit ausschließlich auf meine Kleidung. Ich war nun nicht mehr unbeschwert, sondern sah zu, dass ich schnell nach Hause kam. Dort zog ich mich sofort um und stopfte alles (außer dem Unterhemd) in den Altkleidersack. Sofort fühlte ich mich wieder wohl in meiner Haut.

Ich überlegte, wie es wohl einer Frau ergehen mag, die Figurprobleme hat. Mit Sicherheit bezieht sie alles, was ich zum Glück auf die Kleidung beziehen konnte, auf ihre Figur. Und dann knüppelt sie sich innerlich wegen ihres undisziplinierten Essverhaltens. Sie macht sich herunter und entkommt ihren Selbstvorwürfen und ihrem Selbsthass nur durch »gute Vorsätze«, ab morgen weniger zu essen.

Eigentlich ist es anmaßend, wenn man als dünne Frau über dicke Frauen schreibt. Eine dünne Frau kann zwar noch *begreifen*, dass Dicksein anders ist als Dünnsein, dass eine dicke Frau größere Kleidungsstücke braucht, schneller ins Schwitzen kommt, mehr Platz im Flugzeug benötigt und auf Männer erst auf den zweiten Blick wirkt. Dies alles kann man sich *vorstellen* auf einer intellektuellen Ebene.

Niemals aber kann ein dünner Mensch *nachfühlen*, wie es ist, wenn sich bei Hitze die Oberschenkel aneinander wund reiben, wenn der dicke Bauch so im Weg ist, dass man sich die Schuhe nicht mehr binden kann oder wenn jeder Stuhl erst einmal überprüft werden muss, ob er einen aushält. Oder, was vielleicht noch schlimmer ist: ob seine Seitenlehnen so breit sind, dass sie beim Aufstehen den Hintern rechtzeitig wieder freigeben.

Dicksein ist schwer, anstrengend und mit körperlichem und vor allem seelischem Stress verbunden. Stimmt's? Dicksein ist schlecht und Dünnsein ist toll. Nicht wahr?

In meinem Buch möchte ich mich an alle Frauen wenden, die zu dick sind. Für sie gibt es recht wenig Literatur, wenn man von den unzähligen Diätbüchern und den (gut?) gemeinten Ratschlägen zum turboschnellen Abnehmen einmal absieht. Auch jene Frauen werden von den Informationen profitieren, die sich *zu dick fühlen* und immer hoffen, dass sie doch noch einmal schlank werden und dann endlich anfangen *zu leben*. Beide Gruppen von Frauen tun bestimmte Dinge nicht, weil sie meinen, zu dick dafür zu sein.

Mit jeder neuen Diät glauben sie ernsthaft, es *dieses Mal* ganz bestimmt zu schaffen und als dünne Frau *ein neues Leben anzufangen*. Immer wieder und immer wieder. Jahrelang. Jahrzehntelang. Und bei jedem Rückschlag fragen sie sich *WARUM?*

- Warum schaffe ich es nicht durchzuhalten?
- Warum bin ich so dick?
- Warum nehme ich so schnell wieder zu?

Sind es die Gene, die Erziehung, die Eltern, die Blutgruppe, die Umwelt, die böse Schwiegermutter? Ist es mein Essverhalten, meine Disziplinlosigkeit, mein zu hoher Blutzuckerspiegel?

Diese Warum-Fragen führen zu den *Ursachen*. Wir sind dick, weil wir mehr essen, als unser Körper verwerten kann. Die nächste Frage lautet dann: Warum essen wir zuviel? Und darauf gibt es viele Antworten, von denen Sie bereits mehr als genug kennen.

Alle Bücher über Essstörungen geben Antwort auf die Warum-Fragen. *Warum-Fragen sind legitim und notwendig, aber sie bringen uns allzu oft nicht weiter.* Gerade Frauen, die unter hartnäckigem Übergewicht leiden, sollten ihren Blickwinkel ändern.

Sie sollten sich einmal fragen: *WOZU?* bzw. *WOVOR?*

> **Wozu bin ich dick?**
> **Wozu brauche ich mein Fett?**
> **Wobei hilft es mir?**
> **Wovor bewahrt es mich?**

Vielleicht ist das Fett nicht nur eine träge Masse, die es schnellstens loszuwerden gilt? Vielleicht ist das Dicksein nicht (nur) mein PROBLEM, sondern meine LÖSUNG?

Das Wort »Lösung« hat zwei Bedeutungen. Einmal kann man sich *von* etwas lösen im Sinne einer *Loslösung*. Zum anderen kann man eine Aufgabe lösen. Dann haben wir eine *Auflösung* oder gar eine *Ideallösung*.

Jetzt lauten unsere Fragen plötzlich anders.

> **Wovon löst und befreit mich mein Fett?**
> **Und: Welche Probleme löst mein Fett für mich?**

Dieses Buch befasst sich mit den ultraspannenden Antworten auf diese Fragen.

Fünfundzwanzig dicken Frauen (über 80 kg) habe ich einen Fragebogen mit 50 Fragen zum Thema »Dicksein« vorgelegt. Zwei der Frauen wogen im Moment gerade um die 60 kg, hatten aber mehrmals über 80 kg gewogen. Außerdem habe ich mit unzähligen dicken Frauen in meiner Praxis zum Dicksein und Dünnsein so genannte »Phantasie-Übungen« gemacht, mit denen wir dem Sinn und Zweck des Fettes auf die Spur kamen.

Ich möchte Ihre Grundannahme, dass schlank sein zwangsläufig schön und vor allem glücklich sein heißt, als Lebenslüge enttarnen.

Ich möchte, dass Sie sich selbst und Ihr Dicksein besser verstehen lernen und sich dann mit mehr Verständnis begegnen.

Die Schriftstellerin Marie Ebner-Eschenbach sagte einmal: »Der Spott endet, wo das Verständnis beginnt.« Wenn Sie selbst besser verstehen, wozu Sie Ihr Fett noch brauchen, können Sie auch milder mit sich umgehen. Und (vielleicht) eines Tages Ihr Fett überflüssig machen.

I Die unheile Welt der Dicken

Hauptsache schlank?

Schwer sackt die dicke Frau im aschgrauen Kleid auf das blaue Sofa in meiner Praxis. Sie atmet schwer, denn sie war die Treppe heraufgestiegen. Es ist einer dieser schwül-heißen Tage in Karlsruhe. Die Frau schwitzt, und ihre Augen funkeln mich böse an.

»Jetzt bin ich schon ein halbes Jahr bei Ihnen in Therapie und habe noch nichts abgenommen!«

Sie macht eine Pause und funkelt mich noch böser an. Mir wird ganz mulmig.

»Hmm!«, mache ich.

»Und was das Schlimmste ist«, fährt sie fort, »ist, dass ich in der letzten Zeit nach den Therapiestunden immer mehr essen muss. Ich habe sogar schon zugenommen! Ein Kilo allein in der letzten Woche!«

Nun ist es heraus.

Wieder Pause. Ich halte ihrem Blick stand, obwohl ich sogar einen Anflug von Schuldgefühl verspüre. Halt, sage ich mir, keine Schuldgefühle, *hinschauen.*

»Was war denn zu Beginn der Therapie Ihr Therapieziel?«, will ich wissen.

»Naja, natürlich *nicht*, dass ich in null Komma nichts 30 kg abnehme. Ich hatte ja schon alles versucht, als ich zu Ihnen kam. Optifast, Atkins-Diät, Brigitte-Diät, FdH und Weight watchers. Es hat alles geholfen – eine Zeit lang. Dann habe ich aber immer wieder zugenommen. Und zum Schluss hatte ich mehr Kilos drauf als zuvor. So kann es nicht weitergehen! Bei Ihnen habe ich mir halt erhofft, dass Sie mir helfen würden, *hinter* mein Essverhalten zu blicken.«

Aha. »Blicken Sie denn jetzt ein bisschen dahinter?«, bohre ich.

Die dicke Frau überlegt. »Ja, schon. Ich bin ein Stress-Esser, ein Frust-Esser und ich esse, wenn ich alleine bin.«

»Das ist doch schon mal eine ganze Menge«, versuche ich einzulenken.

Böse blitzt sie mich an. »Was nützt es mir, wenn ich das *weiß*, wenn ich dabei immer *dicker* werde. Dann wäre es mir lieber, ich wüsste es *nicht* und würde aber *abnehmen*!«

Oho, so einfach hätte sie es gerne. Mein Therapeutenherz macht einen Satz. *So* kann ich das nicht stehen lassen.

»Ist das Ihr Ernst? Sie möchten lieber unwissend bleiben, als die Hintergründe zu erkennen?« Das kann ich nicht glauben. Zumal sie doch schon so oft abgenommen hat, ihr Gewicht dann aber nicht halten konnte.

»Ja, ich will endlich mal Erfolge sehen. Das geht mir alles schon zu lange.« Die dicke Frau setzt sich etwas bequemer, zupft ihren Rock über die Schenkel, die sich immer wieder Raum verschaffen wollen.

»Wie lange haben Sie denn gebraucht, um sich Ihr Gewicht von 97 kg anzufuttern?«, frage ich.

»Von meinem Idealgewicht von 65 kg bis auf 97 kg habe ich ungefähr, ich schätze mal so um die fünf Jahre gebraucht«, rechnet sie. Und sie fügt schnell hinzu: »Aber so lange möchte ich nicht brauchen, um die Kilos wieder loszuwerden!«

Die *Ungeduld* und die *mangelnde Bereitschaft*, sich mit sich und den eigenen Verhaltens- und Denkmustern auseinander zu setzen trifft man leider bei den meisten stark übergewichtigen Frauen an. Warum haben sie so *wenig Verständnis für ihre Lage*?

»Ich kann verstehen, dass Sie Ihre Kilos ganz schnell loswerden möchten«, sage ich versöhnlich, »aber wenn es so einfach wäre, dann wären Sie sie längst los.«

Das sieht die dicke Frau ein.

»Sehe ich das richtig, dass Ihnen das, was wir in der Therapiesitzung herausfinden, *Angst macht und Sie diese Angst hinterher wieder wegessen müssen?*«

»Hmm«, schnauft die dicke Frau, »vielleicht haben Sie Recht.«

»Und was hat Ihnen letzte Woche so viel Angst gemacht, dass sie es wegstopfen mussten?«, möchte ich wissen.

»Ja, wenn ich das *wüsste*, dann wäre ich nicht *hier!*«, trumpft die dicke Frau auf und schaut mich erwartungsvoll an.

Ein Witz fällt mir ein, den ich ihr sofort erzähle: »Der Therapeut fragt seinen Patienten: ›Haben Sie Probleme mit dem Alkohol?‹ – ›Nein‹, sagt der Patient, ›nur *ohne*.‹ Wenn wir das Wort *Alkohol* durch das Wort *Essen* ersetzen, gibt es dann einen Sinn?«, versuche ich sie zum Nachforschen zu animieren.

»Welche Probleme haben Sie, *wenn Sie keinen Essanfall haben?*«

Natürlich fällt ihr auf diese zu direkte Frage nichts ein. Sie weiß nicht recht, worauf ich hinaus will.

Mit speziellen Übungen, von denen später noch die Rede sein wird, gehen wir ein typisches Essmuster durch – und finden Folgendes:

Petra S., so heißt unsere dicke Frau, ist 34 Jahre alt, halbtags berufstätig und lebt mit ihrem Mann Harald und ihrer achtjährigen Tochter Melanie in einer geräumigen Dreizimmerwohnung. Wenn Petra nachmittags gegen 14 Uhr nach Hause kommt, ist sie ausgelaugt. Petra S. ist Sekretärin und hat einen Chef, der sie zu beschäftigen weiß. Außerdem hat sie bis dahin schon sieben Stunden lang 97 kg durch die Welt balanciert. Das ist unglaublich anstrengend.

Und dann spielt sich fast täglich dieselbe Szene ab: Petra S. schließt die Wohnungstüre auf, schält sich aus dem Mantel, schnalzt ihre Tasche in die Ecke, geht in die Küche und fängt an zu kochen. Während sie die Kartoffeln schält, holt sie sich immer wieder Schokolinsen aus einer Tüte im Küchenschrank. Petra hatte um sieben Uhr gefrühstückt und seitdem nichts mehr gegessen. Obwohl ihr im Büro eine Pause zusteht. Diese wagt sie nicht zu nehmen, da sie sonst mit ihrer Arbeit bis 14 Uhr nicht fertig werden würde.

Petra lässt die Kartoffeln im Topf verschwinden, sieht gehetzt auf die Uhr. 14 Uhr. Gleich kommt Melanie aus der Schule. Petra brät drei Schnitzel an und kümmert sich um den Salat. Die Schokolinsen-Tüte ist inzwischen leer. Petra hat ein schlechtes Gewissen.

Melanie kommt aus der Schule und plappert gleich los. Sie erzählt ohne Punkt und Komma, was sie erlebt hat, was Freundin Nicole am Wochenende gemacht hat und wer wen in der Stunde geärgert hat. Petra hört nur mit einem Ohr hin. Mit dem anderen Ohr wartet sie auf das Drehen des Schlüssels im Schloss der Wohnungstüre.

Harald S. steckt den Kopf in die Küche. »Hallo, ihr beiden, grüße euch. Was gibt es denn Gutes?« Er küsst seine Tochter und gibt auch Petra einen kleinen Schmatz auf die Wange. Dabei berührt er Petra nur mit den Lippen.

»Decke doch schon mal den Tisch, wir essen sofort.« Es ist nicht klar, wen Petra damit gemeint hat. Keiner fühlt sich angesprochen, und Harald und Tochter Melanie verschwinden im Wohnzimmer. Von dort hört Petra Melanie fröhlich weiterplappern. Petra fühlt sich dumpf und betäubt. Sie deckt den Tisch selbst. Hunger verspürt sie nicht mehr, und sie will das Essen rasch hinter sich bringen.

Beim Essen läuft der Fernseher. Talkshows. Petra stopft mechanisch das Essen in sich hinein. Harald fragt sie ein paarmal beiläufig nach Einzelheiten aus ihrem Büroalltag. Petra antwortet eher mechanisch.

»Schatz, fällt dir auf, dass du gerade wieder stopfst?«, macht Harald Petra auf ihr Essverhalten aufmerksam. Tatsächlich. Petra registriert, dass sie kaum noch kaut. Sie will es aber in diesem Moment nicht merken. »Ach was«, brummt sie unwirsch, »ich bin völlig ausgehungert, unterzuckert und brauche jetzt etwas.«

»Klar«, kaut Harald weiter, »aber du isst viel zu schnell. Merkst du denn überhaupt, was du isst?« Petra gibt keine Antwort mehr.

Als das Geschirr abgeräumt ist, geht Melanie in ihr Zimmer, um Hausaufgaben zu machen. Harald verzieht sich wieder in seine Kanzlei. Und Petra steht vor dem Geschirrberg. Eigentlich müsste sie jetzt das gesamte Geschirr spülen. Auch das von gestern, das auch noch in der Spüle steht. Und dann noch die Küche sauber machen. Petra fühlt sich in diesem Moment unendlich schwach und ohnmächtig. Wie in einer Tretmühle ohne Entkommen. Nein, sagt sie sich. Jetzt nicht. Später kann ich das auch noch machen. Das läuft nicht weg. Jetzt ruhe ich mich erst einmal aus.

Petra setzt sich aufs Sofa. Sie macht den Fernseher an und greift automatisch zu der Schale Chips, die von gestern Abend noch dasteht. *Chips, Flips und Glotze.* Soweit ist es mit dir schon gekommen, denkt Petra. *Du wirst immer dicker, immer fauler, immer träger und immer empfindlicher. Ein Wunder überhaupt, dass Harald noch bei dir ist.* Aber bei uns läuft auch nicht mehr viel. Bestimmt hat er sich frauenmäßig schon anderweitig umgesehen. Fast jeden Abend surft er im Internet. Auch wenn ich schon im Bett bin. Und was mache ich? Vor allem den Service. Mit Haushalt, Kind und Beruf habe ich stets mehr als genug zu tun. Woher soll ich die Zeit für irgendwelche Extras nehmen?

Petra machen all diese Gedanken Angst. Wenn ich doch nur schnell abnehmen könnte, dann wäre alles wieder gut. Dann wäre ich fitter, besser gelaunt und Harald hätte wieder Lust auf mich. Ganz bestimmt.

Petra beschließt, ab morgen ihr Essverhalten radikal zu ändern, dann würde es ihr nämlich *schlagartig besser gehen. Ab morgen wohlgemerkt, nicht ab heute*. Heute will Petra noch ihr gewohntes Leben leben.

Sicher kommen Ihnen solche Gedanken sehr bekannt vor. Fast alle Frauen, die zu dick sind oder sich zu dick fühlen, glauben, ihr Leben sähe schlank ganz anders aus. Ich nenne dieses Phänomen den *Heile-Welt-Faktor*.

Wenn Sie wissen möchten, wie stark auch Sie an den Heile-Welt-Faktor glauben, dann schreiben Sie doch mal ohne lange zu überlegen zehn Sätze mit dem Satzanfang »Wenn ich meine Traumfigur hätte, dann...« nieder.

Wenn Sie noch genauer wissen möchten, wie hoch Ihr Heile-Welt-Faktor ist, dann lade ich Sie zu einem kleinen Selbsttest ein.

Selbsttest: Was bedeutet schlank sein für Sie?

Viele Frauen glauben, dass sich ihr Leben völlig ändern würde, wenn sie schlank wären. Andere wiederum sehen es nüchterner. Ein kleiner Fragebogen möchte Sie zum Nachdenken anregen, ob Ihre eigene Einschätzung realistisch ist.

Beantworten Sie die folgenden 20 Fragen. Die zur Auswahl stehenden Antworten bestehen aus Originalaussagen dicker Frauen.

Mit welchen Antworten können Sie sich am ehesten identifizieren? Sollten mehrere der Antworten auf eine Frage auf Sie zutreffen, dann streichen Sie bitte Ihre Antwort mit der höheren Punktzahl an. Bitte nur *eine* Antwort pro Frage ankreuzen.

***STELLEN SIE SICH VOR,** Sie sind schlank. So schlank, dass Sie sich damit gut fühlen. Diese Figur nennen wir Traumfigur. Und dann stellen Sie sich vor, wie sich diese Traumfigur auswirkt auf...*

❶ ... Ihre Gesundheit

0 Mit Traumfigur wären meine Schenkel im Sommer, wenn es heiß ist, nicht immer aufgescheuert

1 Mit Traumfigur wäre ich beweglich, fit und hätte mehr Puste

2 Mit Traumfigur wäre ich gesund und fröhlich

❷ ... Ihr Sexualverhalten

0 Mit Traumfigur wären manche Sex-Positionen einfacher

1 Schlank hätte ich mehr Spaß am Sex

2 Sex lässt mich jetzt kalt, aber schlank hätte ich mehr Lust auf Sex

❸ ... Ihre Umwelt

0 Schlank könnte ich Komplimente eher glauben

1 Schlank wäre ich mit mir und meinen Mitmenschen zufriedener

2 Mit Traumfigur wäre ich für meine Mitmenschen leichter zu ertragen

❹ ... Ihre Aktivitäten

0 Auch als Dicke bin ich aktiv und habe Lebensfreude

1 Mit Traumfigur würde ich wieder mehr unternehmen

2 Schlank würde ich viel lieber unter Menschen gehen

❺ ... Ihr Essverhalten

0 Um meine Traumfigur zu bekommen und zu halten, müsste ich mein Essverhalten gewaltig umstellen

1 Mit Traumfigur könnte ich auch mal eine Tafel Schokolade essen, ohne schlechtes Gewissen

2 Schlank könnte ich glücklicher sein und müsste nicht immer ans Essen denken

❻ ... den Eindruck, den Sie auf andere machen

0 Schlank hätten die Leute einen Grund weniger, um über mich zu lästern

1 Schlank würde man mich um mein Aussehen beneiden

2 Mit Traumfigur würde ich nicht mehr unangenehm auffallen

❼ ... Ihre Kontakte

0 Ich nehme auch jetzt leicht Kontakte auf und habe gute Freunde

1 Schlank würde es mir leichter fallen, auf andere Menschen zuzugehen

2 Mit Traumfigur würden die Leute eher auf *mich* zugehen und mich auch ernster nehmen

❽ ... Ihre Kleidung

0 Schlank könnte ich Kleidung in kleinen Größen kaufen

1 Schlank könnte ich modische Kleidung anziehen

2 Schlank könnte ich anziehen, was ich wollte

❾ ... Ihren Kleidungsstil

0 Mein Kleidungsstil wäre schlank nicht viel anders als jetzt

1 Schlank wäre meine Kleidung bunter, enger und fröhlicher

2 Mein Kleidungsstil wäre schlank flippiger und sexy

❿ ... Ihre Partnerschaft

0 Mein Gewicht ist meinem Partner nicht wichtig

1 Mein Partner würde mich wieder mehr begehren

2 Mit Traumfigur könnte ich meinen Partner um den Finger wickeln

⓫ … die Macht in Ihrem Leben

0 Meine Macht im Alltag hängt nur wenig von meiner Figur ab

1 Schlank wäre ich schöner, und die Menschen würden mich mit mehr Respekt behandeln

2 Schlank würde ich mein Leben mit links meistern

⓬ … Ihren Mut

0 Meist vergesse ich, dass ich dick bin, und mache meinen Mund auf

1 Schlank hätte ich weniger Hemmungen

2 Mit Traumfigur hätte ich Zivilcourage, und andere würden mich dafür bewundern

⓭ … den Sinn Ihres Lebens

0 Der Sinn meines Lebens hat mit der Figur nichts zu tun

1 Schlank hätte ich mehr Mut, für mich sinnvolle Dinge zu tun

2 Mit Traumfigur hätten die Dinge an sich mehr Sinn, wenn ich sie tue

⓮ … Ihre Schönheit

0 Schlank wäre ich zunächst stolz auf meine Figur, aber diese würde schnell zur Normalität

1 Schlank wäre ich ästhetischer, reiner, klarer, kompakter

2 Schlank wäre ich schön und glücklich

⓯ … Ihre Entspannungsfähigkeit

0 Ich kann mich sehr gut entspannen

1 Schlank würde ich mir erlauben, müde zu sein und schlafen zu gehen, wenn *ich* es will

2 Mit Traumfigur bräuchte ich nicht so viel Entspannung, weil ich viel fitter wäre

⑯ … Ihr Selbstvertrauen

0 Abgesehen von meiner Figur finde ich mich ganz okay

1 Schlank könnte ich mich besser abgrenzen, könnte meine Meinung sagen und für mich einstehen

2 Schlank würde ich mich stärker und souveräner fühlen

⑰ … Ihre Beziehung zur Männerwelt

0 Als Schlanke würde ich Männern besser gefallen

1 Wenn ich schlank wäre, hätte ich eine Beziehung

2 Mit Traumfigur bekäme ich meinen Traummann

⑱ … Ihre Energie

0 Mit Traumfigur hätte ich mehr Energie, weil ich dick schwerfälliger bin

1 Schlank wäre ich viel aktiver und hätte mehr Energie als jetzt

2 Mit Traumfigur ginge ich auf Partys, wäre aktiv und hätte an allem mehr Spaß

⑲ … Ihren beruflichen Erfolg

0 Schlank müsste ich im Beruf genauso viel leisten wie jetzt, aber ich hätte es beim Jobwechsel einfacher

1 Schlank könnte ich mir mehr Fehler und Unzulänglichkeiten erlauben

2 Schlank wäre ich im Beruf selbstbewusster und ließe mich von niemandem unterdrücken

⑳ … die Reaktion Ihrer Umwelt, wenn Sie einiges abnähmen?

0 Ich würde für diese Leistung bewundert und gelobt werden

1 Ich würde als tolle Frau bewundert werden

2 Ich würde als Mensch anerkannt werden

AUSWERTUNG

Bitte zählen Sie nun Ihre Antwortpunkte auf die Fragen 1 bis 20 zusammen und bestimmen Sie Ihren persönlichen Heile-Welt-Faktor.

HEILE-WELT-FAKTOR 2 (mehr als 33 Punkte):
Sie überfrachten das Schlanksein mit Hoffnungen und Wünschen, die eine schlanke Figur auf keinen Fall erfüllen kann. Warum glauben Sie, dass Sie erst schlank werden müssen, bevor Sie glücklich sein können? Bevor Sie Ihr eigenes Leben in die Hand nehmen dürfen? Jemand hat Sie so stark verletzt, dass Sie sich hinter einem dicken Schutzwall verstecken und Ihr wirkliches Leben auf Sparflamme leben müssen. Wer hat Vorteile, wenn Sie so selbstlos sind und so gut funktionieren? Sie warten auf eine Entschädigung, die irgendwann von irgendwoher kommen soll für Ihr Stillhalten.

Wenn Sie Ihrem Fett die Schuld für Ihre Situation geben, dann geben Sie Ihrem Fett auch die Macht über Ihre Situation. Diese Macht steht Ihrem Fett jedoch nicht zu. Stellen Sie sich lieber Ihren Ängsten, und sehen Sie Ihren Lebenslügen nach und nach ins Auge. Dieses Buch soll Ihnen dabei helfen.

HEILE-WELT-FAKTOR 1 (19 bis 32 Punkte):
In mancher Hinsicht überschätzen Sie die Segnungen einer guten Figur. Hier ist eine gute Portion Wunschdenken am Werk. Sie schämen sich für Ihre jetzige Figur und halten sich selbst in einem Maße zurück, das Ihnen nicht gut tut. Leider glauben Sie, dass andere Sie genauso streng beurteilen wie Sie selbst. Allerdings ahnen Sie bereits, dass es mit dem Abnehmen alleine nicht getan ist.

Entwickeln Sie mehr Mut zu sich selbst, und finden Sie heraus, weswegen Sie sich hinter Ihrem Fett verstecken.

HEILE-WELT-FAKTOR 0 (0 bis 18 Punkte):
Sie schätzen die Pluspunkte einer schlanken Figur einigermaßen realistisch ein. Ihr Fett scheint nicht viele psychische Aufgaben zu übernehmen. Sie haben mit Ihrem Fett eher technische Probleme. Wenn Sie trotzdem nur sehr schwer abnehmen können, dann dürfte dies eher Gründe haben, die auf der körperlichen Ebene liegen, wie zum Beispiel ein niedriger Grundumsatz. Oder waren es einfach nicht die richtigen Fragen für Sie?

Leben tun wir später

Leider sind nicht nur Frauen von erheblichem Übergewicht vom Heile-Welt-Syndrom betroffen, sondern auch etliche Frauen mit lediglich ein paar Pfund zuviel. Allen diesen Frauen ist gemein, dass sie sich von ihrem realen oder imaginierten Fett in ihrer Lebensführung stark beeinflussen lassen. Ich nenne diese Frauen der Einfachheit halber im Folgenden »dicke Frauen«.

Wenn Sie also zu den dicken Frauen gehören und wenn Sie dann noch einen hohen Heile-Welt-Faktor haben, dann ist Ihnen sicher schon aufgefallen, dass Sie ein Leben auf *Sparflamme* leben.

- Es fällt Ihnen auf, dass Sie zuviel *warten.*
- Es fällt Ihnen auf, dass Sie zuviel an *Unerledigtem* liegen lassen.
- Es fällt Ihnen auf, dass Sie eine *merkwürdige* Scheu haben, längst fällige *Entscheidungen* zu treffen.
- Es fällt Ihnen auf, dass Sie sehr *empfindlich* sind gegenüber Bemerkungen bezüglich Ihrer Person.
- Sie *vergleichen* sich viel mit anderen und schneiden immer schlechter ab als diese.
- Sie wissen, dass Sie kein Kämpfertyp sind, wenn es um Ihre eigenen Angelegenheiten geht, und dass Sie immer viel *zu schnell aufgeben.*

Manche dicke Frau hat gar keine Lust mehr, sich zu waschen, sich zu pflegen und trägt immer mehr oder weniger dieselben Klamotten. Die gesamte *Körperpflege wird vernachlässigt.* »Es lohnt sich nicht für diesen Körper«, sagte mir einmal eine Frau. Aber diese Frau hat nur diesen einen Körper. Wofür lohnt es sich dann?

Es kommt einem als Außenstehendem vor, als wolle die dicke Frau *die Zeit anhalten* und sich eine Auszeit nehmen, die gar *nicht richtig zählt.* Und dann, wenn die Frau schlank geworden ist, möchte sie wie Dornröschen aus dem hundertjährigen Schlaf erwachen und weitermachen, als hätte es hundert Jahre Dicksein nicht gegeben.

Natürlich gießt unser ultraschlankes Schönheitsideal hier noch Öl ins Feuer. Wenn du schlank bist, bist du schön. Wenn du schön bist, bekommst du deinen Traummann. Wenn du deinen Traummann hast, bist du glücklich. Für immer. Als gäbe es eine Regel, die lautet: *Je schöner du bist, umso stabiler ist deine Beziehung.* Ehen von Models und Schauspielerinnen müssten dann die stabilsten sein – und sie sind es nicht!

Ach, Kinder, was ist es doch so einfach! Wie auf jenem T-Shirt mit dem Spruch: Ich bin dick, du bist hässlich. Ich kann abnehmen – aber was machst du?

Es bleibt immer die *Hoffnung.* Diese Hoffnung flammt bei jedem Diätversuch erneut auf. Und sie zerrinnt bei jedem Essanfall. Dann bleiben Depression, Verzweiflung und Selbstabwertung. Dicke Frauen neigen eher zum *Resignieren* und zum *Verharren.*

Zwei Psychologinnen an der University of Texas in Austin/Texas haben mit 83 Frauen im mittleren Lebensalter über das Thema »Lebensentscheidungen« eine Längsschnittstudie gemacht. Sie haben dabei die Frauen mit 36 Jahren befragt, und nach elf Jahren noch einmal. Im Alter von 36 Jahren wurden die Frauen nach ihren Karrierevorstellungen und Lebenszielen gefragt und ob es etwas gäbe, das sie gerne anders machen würden. Ein Teil der 83 Frauen bedauerte es, dass sie die traditionelle Frauenrolle nicht verlassen hatten. Sie bereuten, dass sie aus ihren eigenen Fähigkeiten nicht mehr gemacht hatten und sich fast ausschließlich von den Bedürfnissen der Familie hatten leiten lassen.

Nach elf Jahren (die Frauen waren dann 47) wollten die beiden Psychologinnen wissen, ob die damals frustrierten Frauen in ihrem Leben Veränderungen gewagt hatten und wie es ihnen damit ergangen war. 57 der 83 Frauen hatten ihr Leben drastisch verändert. Sie hatten den Job gewechselt, einen neuen Beruf erlernt oder gar noch einmal studiert. 26 der früher unzufriedenen Frauen hatten an ihrer Situation nichts verändert.

»Wie sich herausstellte, zahlten diese Frauen für ihre Unentschlossenheit einen psychischen und gesundheitlichen Preis: Sie waren im Alter von 47 Jahren depressiver, ängstlicher, grübelten mehr, hatten weniger Vertrauen in ihre eigenen Fähigkeiten und waren auch körperlich weniger gesund als ihre Geschlechtsgenossinnen, die zwischen ihrem 37. und 48. Lebensjahr die Weichen anders gestellt hatten.«[1]

Verharren wird teuer bezahlt. Die Zeit bleibt nicht stehen. Der Protest gegen den Fluss des Lebens geht auf unsere eigenen Kosten. Mehr noch: Die verlorene Zeit ist für immer dahin.

Die berühmte Schriftstellerin Pearl S. Buck hat einmal gesagt: »Viele Menschen versäumen das kleine Glück, während sie auf das große vergebens warten.« Wenn sich aber ein Mensch trotz der hohen Kosten des Verharrens und des Dickseins in sein Schneckenhaus zurückzieht und auf bessere Zeiten wartet, dann müssen mächtige Kräfte wirken, um ihn in seinem Schneckenhaus zu halten.

In der Arbeit mit sehr dicken Frauen (ab 90 kg) fiel mir auf, dass es nicht nur das Dicksein ist, was diesen Frauen das Leben schwer macht. Es sind vielmehr einige andere Verhaltensweisen, Einstellungen und Ängste, die weit größeren Schaden anrichten als die überflüssigen (?) Pfunde.

Für diese anderen »Begleitsymptome«, die mal mehr, mal weniger ausgeprägt mit dem Dicksein gekoppelt sind, möchte ich Ihren Blick schärfen, damit Sie diese nicht mehr als unzusammenhängende »Charakterfehler« ansehen, sondern als weitere Hinweise, wie Sie mit sich und Ihrem Leben umgehen.

»Am liebsten würde ich mich verkriechen!«

Eine gute Fee kommt zu einer Frau und sagt: »Du hast einen Wunsch frei!«

Die Frau überlegt nicht lange und ruft: »Dünne Oberschenkel!«

»Überlege dir das nochmals genau«, mahnt die Fee. »Die Welt kennt so viel Elend, und mit deinem Wunsch könntest du so viel Gutes tun. Meinst du nicht, dass es etwas kurzsichtig ist, dir dünne Oberschenkel zu wünschen?«

Die Frau überlegt lange. Endlich geht ein Strahlen über ihr Gesicht. »Ja«, sagt sie, »du hast Recht. Ich wünsche mir dünne Oberschenkel für alle.«

Dieser Witz zeigt deutlich die Fixiertheit, unter der viele dicke Frauen leiden. Hätte die Fee die Frau gefragt, was denn in ihrem Leben mit dünnen Oberschenkeln anders wäre, so wäre dieser bestimmt viel dazu eingefallen. »Oh«, hätte sie vielleicht gesagt, »ich könnte wieder Hosen anziehen, könnte wieder ins Schwimmbad gehen, meine Ehe wäre glücklicher, und meine Kinder würden mehr auf mich hören.«

Aber Spaß beiseite. Die Wirklichkeit ist schon absurd genug.

Um in der Therapie das dicke und das dünne Selbstbild herauszufinden, gibt es so genannte »Fett-Phantasien«. Dies sind **Phantasie-Übungen**, in denen man sich verschiedene Situationen vorstellt, wobei man sich in der gleichen Situation einmal als dick und einmal als dünn imaginiert. Im Prinzip kann man jede Situation als Fett-Phantasie-Übung nutzen. Jetzt soll uns zunächst einmal nur das dicke Selbstbild interessieren.

Ich habe drei Situationen ausgewählt, mit denen ich jahrelange Erfahrungen gesammelt habe: die **Party**, den **Tagesablauf** und den **Urlaub**. Für jede Übung habe ich drei »typische dicke Selbstbilder« ausgewählt, die mir Klientinnen zur Verfügung gestellt haben.

Die Phantasie-Übungen können Sie jederzeit auch selbst durchführen. Sie eignen sich ebenfalls sehr gut für Selbsthilfegruppen. In der Therapie wird die Klientin in einen entspannten Zustand versetzt, das heißt, sie legt sich auf den Rücken, Arme und Beine parallel, Handflächen nach unten. Dann tief in den Unterbauch atmen und die Luft langsam ausströmen lassen. Nach einigen Atemzügen normal entspannt weiteratmen.

DIE PARTY-ÜBUNG (nach Susie Orbach)

STELLEN SIE SICH VOR, *Sie sind auf einer Party. Dies kann eine fiktive Party sein oder eine, die schon einmal so oder so ähnlich stattgefunden hat.*
Zunächst haben Sie Ihre jetzige Figur. Schauen Sie einmal, welche Kleidung Sie tragen. Dann achten Sie darauf, ob Sie alleine da sind oder in Begleitung (vom wem?). Achten Sie darauf, was Sie auf der Party machen, ob Sie sich unterhalten, essen oder tanzen. Achten Sie auch darauf, wie Männer und Frauen auf Sie reagieren und wie Sie wiederum auf Aufmerksamkeit reagieren.
Dann, wie Sie so mittendrin sind, merken Sie, wie Sie immer dicker werden. Sollte diese Vorstellung zu bedrohlich sein, dürfen Sie sich auch von außen sehen, so als würden Sie neben sich stehen. Achten Sie darauf, wie es Ihnen beim Dickerwerden ergeht.
Nun sind Sie also rund und fett. Achten Sie darauf, was Sie nun anhaben. Achten Sie darauf, wie Sie sich fühlen. Was machen Sie jetzt auf der Party? Sitzen Sie oder stehen Sie? Unterhalten Sie sich? Tanzen Sie? Essen Sie? Schauen Sie genau hin, wie nun Männer und Frauen auf Sie reagieren. Wie geht es Ihnen damit? Spüren Sie genau hin, auch wenn es unangenehm ist.
Nach einigen Minuten: *Nun halten Sie das Bild an, wie wenn man einen Film anhält, und kommen Sie in die Realität zurück. Dabei Arme und Beine kräftig bewegen, tief atmen und Augen auf.*

Schauen wir uns einmal die Party-Phantasie von Petra S. an:

»Also, zunächst sehe ich mich so, wie ich jetzt bin (97 kg). Ich habe eigentlich gar *keine Lust*, auf eine Party zu gehen, aber ich gehe trotzdem. Ich trage eine schwarze weite Hose und ein leuchtend blaues Pailletten-Oberteil. Ich habe auch in echt ein solches. Ich bin in Begleitung von Harald. An einem Tisch entdecken wir ein befreundetes Paar, zu dem wir uns setzen. Die Frau kenne ich aus dem Abnehmkurs an der Volkshochschule. Die Männer kommen auch prima miteinander aus.

So, und dann werde ich dicker und dicker. Die Vorstellung alleine macht mich *deprimiert* und *verzweifelt*. Ich will am liebsten im Erdboden versinken. Die Leute starren mich an. Ich schaue weg und versuche, mich unsichtbar zu machen. Ich weiß genau, wenn ich wegsehe, dann starren sie mich *hämisch* an und denken sich: Was will denn die Fette hier? Ich trage ein zeltförmiges schwarzes Kleid. Eigentlich bin ich innerlich nur *mit mir selbst beschäftigt*. Ich achte darauf, dass ich so sitze, dass ich möglichst schlank wirke. Meine Beine habe ich angespannt, und ich achte darauf, dass sich die Schenkel nicht auf der Sitzfläche des Stuhls platt drücken. Ich unterhalte mich dann mit einer Freundin, aber ich bekomme von dem Gespräch kaum etwas mit. Innerlich denke ich immer nur, was andere von mir denken. Es ist schrecklich. Ich fühle mich so *gehemmt, wertlos und überhaupt nicht dazugehörig*.«

Dieses dicke Selbstbild kommt am häufigsten vor. Ein anderes dickes Bild liefert uns Waltraud, 48 Jahre, 98 kg, allein stehend, bei ihren Eltern wohnend:

»Meine Party ist eine kleine Geburtstagsfeier im engsten Familienkreis. Jeder kennt mich, und meine Figur ist kein Thema. In meiner Herkunftsfamilie sind nämlich alle dick. Essen spielt bei uns eine ziemlich große Rolle. Zu einem Geburtstag wird alles aufgefahren, was Küche und Keller zu bieten haben. Ich trage ein grünes Kleid, unauffällig und bieder. Wir unterhalten uns recht gut.

Nun werde ich noch dicker. Wiege weit über zwei Zentner. Mein Umfang ist dermaßen gigantisch, dass alle Leute an mir abprallen. Ich werde immer noch dicker und auch größer. Irgendwann bin ich ganz alleine. Die anderen bekommen *Angst vor mir*. Irgendjemand sagt: ›Das Monster kommt!‹, und alle nehmen Reißaus. Merkwürdigerweise gefällt mir das. Ich bin *mächtig*, aber ich fühle mich auch *alleine*. Jedenfalls *kommt mir keiner zu nahe*, und es will auch keiner etwas von mir. Ich habe total meine *Ruhe*.«

Es gibt noch eine weitere häufige Variante, als dicke Frau auf der Party zu »überleben«: das Vergessen im Essen. Ariane, 32 Jahre, allein lebend. Ihr Gewicht schwankt zwischen 55 und 90 kg, und sie hat die folgende Situation auch real erlebt:

»Ich sitze etwas abseits *mit nur einer Person (weiblich)*, die ich gut kenne und die eher etwas unauffälliger und ruhiger ist. Ich fühle mich *unwohl*, *hässlich* und wie eine *Außenseiterin*. Alle um mich herum lachen und amüsieren sich. Ich versuche, *einen fröhlichen Eindruck zu machen*, um ja *nicht aufzufallen*. Ich hoffe, die Zeit geht schnell vorbei. Ich esse viele Chips, Flips und alles Mögliche – was es auf Partys eben so gibt.

Was mache ich eigentlich hier, wo ich doch keine Lust zum Hiersein habe? Es ist reine *Höflichkeit*, um den Gastgeber *nicht zu enttäuschen*. Aber es fällt mir so schwer! Ich wäre viel lieber alleine zu Hause. Wahrscheinlich würde ich dann vor dem Fernseher sitzen und mir den Bauch vollschlagen. Aber wenn ich schon mal hier bin, nutze ich die Gelegenheit, um all die guten Dinge, die es auf der Party gibt, zu probieren. Bei der nächsten Diät sind sie mir wieder versagt. Ich hoffe nur, dass meine Lustlosigkeit den anderen Partygästen nicht auffällt. Aber im Überspielen bin ich ja geübt: Ich bin nett, interessiert und versuche entspannt zu wirken.

Die anderen tanzen. Ich tanze nicht, da ich zu dick bin und mich dafür *schäme*. Ich beneide die anderen, die schlank sind und es sich erlauben können zu tanzen. Alle außer mir genießen die Party offensichtlich. Mein Essdruck wird dadurch immer größer, und ich esse immer mehr. *In Gedanken bin ich schon längst woanders:* Ich überlege, was ich als Nächstes alles essen kann und was ich mir noch an der Tankstelle auf der Heimfahrt besorge, damit es ›reicht‹. Die ganze Party ist für mich nur noch eine Tortur, die ich *mit Hilfe des Essens überstehe.*«

Uff, endlich sind alle wieder vom Dicksein erlöst.

Da ja alle befragten Frauen dick oder ehemals dick waren, lag ihr Realbild nahe beim dicken Selbstbild. Im Vergleich dazu liegt beispielsweise bei bulimischen Frauen das Realbild in der Mitte zwischen dickem und dünnem Selbstbild. Bei einem öffentlichen Auftritt (wie bei einer Party) fällt bei den meisten Frauen mit dickem Selbstbild Folgendes auf:

- Die dicke Frau schämt sich wegen ihres Aussehens und ist gehemmt – **(Scham)**
- Die dicke Frau glaubt, dass jeder sie verachtet – **(Verachtung durch andere)**
- Die dicke Frau möchte sich verstecken oder wenigstens tarnen – **(Sehnsucht nach einer Tarnkappe)**
- Die dicke Frau ist innerlich vom Geschehen abgekoppelt – **(Isolation)**
- Die dicke Frau fühlt sich ausgeliefert, ohnmächtig und ohne Kontur – **(Wehrlosigkeit)**

»Lasst mich doch alle in Ruhe!«

Die zweite Übung, mit der wir das dicke Selbstbild erforschen können, geht folgendermaßen:

DIE TAGESLAUF-ÜBUNG

***STELLEN SIE SICH VOR,** Sie liegen morgens im Bett, und der Wecker klingelt. Bevor Sie aufstehen, merken Sie, wie Sie immer dicker werden. Sie sind nun sehr dick, können sich aber noch relativ gut bewegen. Dann stehen Sie auf. Der Inhalt Ihres Kleiderschranks hat sich Ihrer neuen Figur angepasst. Jetzt gehen Sie als dicke Frau durch einen für Sie typischen Tag. Achten Sie auf Ihr eigenes Verhalten und auf Ihre Gefühle. Dann achten Sie darauf, wie Ihre Umwelt auf Sie reagiert.*
Wenn Sie einmal rund um die Uhr als dicke Frau den Tag durchlebt haben, dann halten Sie die Vorstellung an, wie einen Film, und kommen in die Realität zurück.

Sehen wir uns wieder zuerst an, was Petra erlebte.

»Ich werde nach dem Klingeln des Weckers noch dicker und habe schon einmal gar *keine Lust mehr aufzustehen*. Trotzdem quäle ich mich aus dem Bett. Nach der üblichen Morgentoilette entscheide ich mich für ein dunkellilanes Kostüm, das meine Konturen formt und in dem ich mich recht wohl fühle. Dann wecke ich meine Tochter. Harald ist schon auf. Ich mache schnell Kaffee, schmiere ein paar Brote. Mann und Kind frühstücken. Ich esse nichts. Schon am frühen Morgen fühle ich mich einerseits *deprimiert*, andererseits *gereizt*. Dann gehen wir alle drei aus dem Haus.

Ich fahre mit der Bahn ins Büro. Mir fällt auf, dass ich in der Bahn *keinen anschaue* und auch nicht will, dass mich jemand anschaut. Im Büro mache ich *freudlos* meine Arbeit. Ich bin wie ein

Roboter. Zwischenmenschliche Kontakte interessieren mich kaum. Manchmal rede ich mit meiner Kollegin ein paar Worte, lache auch. Trotzdem kommt bei mir keine rechte Stimmung auf. In der Pause gehe ich *alleine* spazieren. Auch jetzt will ich nichts essen.

Später kommt mein Chef und gibt mir noch einen Stapel Protokolle zu tippen. Eigentlich müsste ich protestieren, denn meine Kollegin und ich tippen abwechselnd die Sitzungsprotokolle, und ich habe sie das letzte Mal getippt. *Ich schaffe es nicht, etwas zu sagen.* Ich stelle nur fest, dass ich einen unbändigen Fressdrang bekomme. Ich habe noch Kekse in meiner Schublade. Die esse ich jetzt alle auf. Mein *schlechtes Gewissen* lässt mich noch besser *funktionieren.* Gegen 13 Uhr packe ich meine Sachen zusammen und schleiche regelrecht aus dem Büro.

Auch auf der Rückfahrt nach Hause bin ich in mich gekehrt und schaue keinen an. Ich kaufe dann in der Nähe unserer Wohnung einige Sachen für das Mittagessen ein. Eher wahllos gehe ich da vor. Dann koche ich zu Hause für Mann und Kind; das ist mir ziemlich lästig. Nach dem Mittagessen setze ich mich sofort vor den Fernseher. Am liebsten würde ich mich komplett ausblenden. Ich esse Unmengen von Kartoffelchips. Ich *schmecke und spüre nichts.*

Melanie macht ihre Hausaufgaben und geht dann zu einer Freundin. Abends kommt dann Harald wieder und wir essen. Dann wieder fernsehen, und dann falle ich todmüde ins Bett. Eigentlich hatte ich außer arbeiten und fernsehen nichts vom Leben.«

Unser zweites typisches Beispiel für einen »dicken Tagesablauf« steuert Isolde (95 kg) bei, eine 38-jährige Mutter von einem zwei- und einem vierjährigen Kind:

»Ich ziehe, nachdem ich mich aus dem Bett gerollt habe, ein *dunkelblaues, weites Kleid* an. Es herrscht die übliche Hektik im Bad, wo wir uns alle vier gleichzeitig aufhalten. Mein Mann *macht mich herunter*, weil ich so viel Platz brauche wegen meines Umfangs. Das tut er in Wirklichkeit übrigens auch. Manchmal schiebt er mich regelrecht wortlos aus dem Weg. Ich spüre eine starke Wut in mir hochsteigen und hoffe, dass er bald aus dem Haus geht. Als er endlich ohne Gruß und Kuss aus dem Haus stürmt, fühle ich mich so richtig missbraucht. *Als Dienstmagd missbraucht und gedemütigt.*

Ich mache die Kinder zurecht und gehe mit ihnen zu Fuß zum Kindergarten, wo ich meinen vierjährigen Sohn abliefere. Mehrere Kindergartenmütter, deren Kinder im Alter meines Sohnes sind, stehen vor der Türe und klönen. Sie schauen weg bzw. *unfreundlich*, als ich an ihnen vorbeigehe. Ich grüße, aber es kommt kaum ein Wort zurück. *Ich fühle mich gekränkt*. Dann stürmt mein Sohn durch das Portal und zieht sich alleine Schuhe und Mantel aus. Ich stehe dumm herum. Fühle mich wie gestrandet.

Nun kommt die Kindergärtnerin auf mich zu und fragt mich, ob ich für das Kindergartenfest einen Kuchen backen will. Ich stimme freudig zu und ärgere mich schon beim Antworten über mich selbst. Schon wieder bin ich Dienstmagd. Dafür bin ich gut genug. Aber als gleichwertige Person will mich keiner. Ich bin dem Weinen nahe. Als mein Sohn in der Kindergruppe untergetaucht ist, nehme ich meine kleine Tochter und schiebe sie in Richtung Ausgang. Dort stehen immer noch die Mütter von vorhin. Ich lächle sie freundlich an. Die Mütter lächeln gequält zurück. Keine sagt etwas.

Ich gehe fürs Mittagessen einkaufen. Im Laden nervt die Kleine total. Das stehe ich nur durch, indem ich mir eine Portion Süßigkeiten kaufe. Dann verlasse ich den Laden fluchtartig. Mein Kind bekommt ein Überraschungsei, da ist es erst einmal beschäftigt. Ich selbst stopfe mir einen Riegel Schokolade in den Mund. Ich merke, die Schokolade reicht nicht aus, um alle meine *negativen Gefühle hinunterzustopfen.*

Zu Hause mache ich Hausarbeiten, spiele mit dem Kind und esse ständig dabei. Irgendwie bin ich gar nicht richtig bei der Sache und *warte immer nur, dass die Dinge vorübergehen.* Es ist alles so sinnlos.

Dann ist es wieder Zeit, meinen Sohn vom Kindergarten abzuholen. Ich merke, wie ich *wie in Trance* alles hinter mich bringe. Zu Hause angekommen, koche ich dann ein Mittagessen und esse schrecklich viel davon. Hinterher schläft die Kleine und der Große nervt mich. Ich habe keine Lust, mit ihm zu spielen.

Später kommt mein Mann nach Hause. Er spricht kaum mit mir, und ich fühle mich wieder *wie in einem Vakuum.* Den Rest des Tages *betäube* ich mich mit essen, fernsehen, Kinder ins Bett bringen. Mein Mann setzt sich vor den Computer und macht sinnlose Spiele. Ich bin so wütend auf ihn, getraue mich aber nicht, etwas zu sagen, denn ich habe ein *schlechtes Gewissen,* weil ich so dick bin. Zärtlichkeiten oder gar Sex mit meinem Mann gibt es natürlich auch nicht.«

Margret, 80 kg, eine 52 Jahre alte Krankenschwester, bringt es auf den Punkt. Ihre Phantasie zum dicken Tagesablauf ist kurz und prägnant:

»Ich ziehe mir morgens ein *graues Kleid* an. Dann radle ich zur Arbeit. Die Menschen um mich herum sehe ich gar nicht. *Irgendwie bewege ich mich in einer riesigen Seifenblase, einem Mikrokosmos ohne Verbindung nach draußen.* Auf Station mache ich meine Arbeit. Ich bin stumm und arbeite wie eine Maschine. Die Leute ignorieren mich. Ich fühle mich gar nicht vorhanden, werde aber auch total *in Ruhe gelassen.* Das ist seltsamerweise nicht nur unangenehm.«

Typisch für den »dicken Tagesablauf« ist, dass

- die Frau sich von ihrer Umwelt isoliert fühlt – **(Vakuum)**
- die Frau glaubt, sie müsse sich alles gefallen lassen – **(Opferrolle)**
- die Frau sich ausgeschlossen und nicht zugehörig fühlt – **(Fremdheitsgefühl)**

Keine Lust auf gar nichts

Nun wollen wir einmal schauen, wie sich dicke Frauen im Urlaub fühlen. Die Übung geht folgendermaßen:

DIE URLAUB-ÜBUNG

***STELLEN SIE SICH VOR,** Sie wachen morgens auf und sind im Urlaub. Sie sind mit einer Freundin an Ihren Urlaubsort gefahren. Die Freundin war schon mehrmals hier und ist begeistert. Sie selbst finden alles eher abstoßend: Das Zimmer ist klein und geschmacklos eingerichtet – wie eine Rumpelkammer.*

Das Wetter ist zu heiß für Ihren Geschmack, und die Landschaft haben Sie sich auch anders vorgestellt. Ihre Freundin aber springt voller Tatendrang aus dem Bett.

Stellen Sie sich nun vor, wie Sie einen Tag an diesem Urlaubsort verbringen:

- *Wie gehen Sie mit der Freundin um?*
- *Was unternehmen Sie – oder auch nicht?*
- *Wie fühlen Sie sich?*

Lassen wir wieder drei Frauen zu Wort kommen, deren »dicke Urlaubstage« recht typisch sind. Zuerst Petra S.:

»Ich wache auf und denke mit Grauen daran, dass ich auch heute wieder den ganzen Tag *gute Miene zum bösen Spiel machen* muss. Ich stelle mir vor, dass ich in Tunesien bin. Dort habe ich mal einen Horrorurlaub verbracht bei 50 Grad im Schatten.

Ich lächle meine Freundin an und tue so, als ob ich mich freue. Ich ziehe ein zeltförmiges grünes Kleid an. Da sieht man nicht, wie dick ich bin. Meine Freundin ist natürlich schlank und gut drauf. Sie trägt eine kurze Hose und ein knappes Top. Dann gehen wir frühstücken. Ich esse kaum etwas, denn ich denke, dass mich die Leute im Speisesaal beobachten. *Ich möchte nicht negativ auffallen.* Ich frage meine Freundin, was wir heute unternehmen. Sie sagt, dass wir einen Ausflug ins Landesinnere machen wollen. Mir graut fürchterlich davor, *aber ich lasse mir nichts anmerken.* Dann fahren wir mit einer kleinen Gruppe los. *Ich verstecke mich hinter meiner Sonnenbrille* und unter meinem Hut.

In der Wüste fühle ich mich wie in der Sauna. Der Schweiß läuft mir herunter. Meine Wasserflasche ist bald leer. Ich *wage es nicht*, den Reiseführer um eine neue *zu bitten*. Vielleicht denkt er, die Fette da ist zu blöd, sich eine größere Flasche aus dem Hotel mitzunehmen.

Mit knallrotem Kopf setze ich mich später in den Schatten unseres Jeeps. Eigentlich *warte* ich nur darauf, dass wir endlich zurück ins Hotel fahren. Meine Freundin sieht dann, dass es mir nicht gut geht, und ist sehr besorgt. Das tut mir gut, aber *ich kann es nicht annehmen* und wehre es ab, indem ich sage, dass es nicht so schlimm sei. Irgendwann fahren wir dann zurück.

Im Hotel lege ich mich ins Bett und bin fix und alle. Dann ziehe ich mich fürs Abendessen um. Wir gehen ins klimatisierte Hotel-Restaurant, und ich fühle mich wohler. *Ich schlinge die Speisen in mich hinein. Jetzt ist alles egal.* Meine Freundin unterhält sich mit anderen Hotelgästen, so falle ich nicht weiter auf. Keiner achtet auf mich.

Später wird auf der Terrasse des Hotels getanzt. Ich bekomme *Kopfschmerzen* und ziehe mich in mein Zimmer zurück. *Endlich allein!* Gleich lege ich mich ins Bett und lese in einem spannenden Buch. Meine Freundin kommt erst um Mitternacht. Ich bin froh, dass ich wieder einen Tag hinter mich gebracht habe.«

Petra gehört zu den Dicken, die alles über sich ergehen lassen, die zwar eine eigene Meinung haben, diese aber nicht äußern. Aus Angst, Unannehmlichkeiten zu verursachen, und aus Angst, die Freundin zu enttäuschen. Nur der Kopfschmerz rettet sie. Es würde Petra nicht einfallen, zu protestieren und eigene Pläne zu entwickeln. Sie hält still und hält aus.

Nun zu Lisa, 31 Jahre, Sekretärin, 99 kg:

»Ich stelle mir vor, dass ich mit einer Freundin in Italien bin, zum Beispiel am Strand von Rimini. Das Zimmer gefällt mir nicht, und *ich motze herum.* Meine Freundin ist auch genervt und verspricht mir, dass sie sich bemühen will, ein anderes Zimmer zu bekommen. Ich wälze mich aus dem Bett und ziehe gleich meine Badekleidung an. Dann ein langes Hemd darüber, und ab geht es zum Frühstück. Das Frühstück ist miserabel. *Ich nörgle und protestiere,* und tatsächlich bekommen wir dann noch ein Extra.

Dann gehen wir zum Strand. Meine Freundin und ich mieten uns einen Sonnenschirm und machen uns ein Lager. Die Freundin flippt herum, ist attraktiv und flirtet viel. *Ich hüte das Basislager.* Innerlich bin ich *mürrisch.* Keiner kann es mir recht machen.

Irgendwann möchte ich dann ins Wasser gehen und mich ein bisschen abkühlen. Ich lasse mein Hemd an bis zum Schluss und denke dann, als ein paar Papagalli glotzen, dass mir jetzt alles egal ist. *Ihr könnt mich alle mal!* Dann ziehe ich mein Hemd aus und renne ins Wasser, bis es mir bis zur Brust reicht. Herrlich kühl ist das Wasser. Ich bleibe ganz lange drin.

Als irgendwann eine andere dicke Frau das Wasser verlässt, hoffe ich, dass die Gaffer abgelenkt sind, und komme ganz schnell aus dem Wasser heraus, ziehe mein Hemd über und gehe an meinen Platz. Diesen verlasse ich an diesem Nachmittag nicht mehr. *Dieses Spießrutenlaufen tue ich mir nicht mehr an.*

Erst abends beim Essen im Hotel fühle ich mich wieder wohl. Meine Freundin hat ein paar Typen aufgetan, und wir spielen Trivial Pursuit. *Darin bin ich gut, und das genieße ich.* Wir spielen bis spät in die Nacht, und ich trinke auch reichlich Alkohol. *Jetzt ist es mir ziemlich egal, wie ich aussehe.*«

Der eher aggressive Typ, den Lisa verkörpert, hat wesentlich weniger Hemmungen und Scham als der überangepasste Typ (wie beispielsweise Petra). Lisa kann den Urlaub wesentlich besser genießen.

Den dritten dicken Urlauberinnen-Typ liefert uns Valentina, 23 Jahre, 86 kg, Erzieherin:

»Also, ich stelle mir vor, ich bin mit meiner Freundin Gesa an der Ostsee. Es regnet, und es ist kühl. Als ich aufwache, möchte ich mir am liebsten die Decke über die Ohren ziehen. Ich bin noch im Bett, da fange ich schon an zu *jammern*: Es ist so kalt, der ganze Urlaub wird einem vermasselt. Was soll ich bloß anziehen? Und dieses Wetter! Was sollen wir denn da unternehmen? *Ist ja alles vollkommen ungemütlich!*

Dann ziehe ich mich warm an. Wir gehen frühstücken. Meine Freundin ist genervt von mir, was ich verstehen kann. Ich jammere dann, dass das Frühstück so eintönig ist. Gesa ist echt nett und versucht auszugleichen. Daraufhin bekomme ich wieder ein schlechtes Gewissen, weil sie ja auch nichts dafür kann.

Wir gehen dann am Strand entlang. Hier ist es recht windig. Das stinkt mir gewaltig, da meine Frisur völlig durcheinander gerät. Außerdem brennen meine Augen und tränen. Meine Freundin schlägt vor, einen Strandkorb zu mieten. Das ist ja *total langweilig*!

Ich kaufe mir ein Taschenbuch, Gummibärchen, Kaugummi und rauche am laufenden Band. Meine Freundin Gesa ist, glaube ich, froh, dass ich eine Zeit lang die Klappe halte. Jedenfalls ist sie ganz entspannt. Wir sitzen in unserem Strandkorb und lesen so vor uns hin. Dann kommen ein paar Jungs vorbei. Sie sprechen uns an und fragen uns, ob wir mit ins Café gehen. Wir gehen mit. Der eine von den dreien gefällt mir ganz gut. Aber er unterhält sich vorwiegend mit meiner Freundin, was mich ärgert. *Ich sage kaum noch etwas.* Meine Freundin dreht voll auf. Sie ist witzig, gesprächig, sie flirtet. Alle drei fahren voll auf sie ab. Ich bin nur noch der dicke Trampel, der hinterhertrottet. *Wenn ich nicht anwesend wäre, würde es keiner bemerken.*

Im Café geht es genauso weiter. Die Kerle reden nur mit ihr. Meine Freundin versucht immer wieder mal, mich einzubeziehen. *Aber ich blocke ab, denn ich brauche ihr Mitleid nicht.*

Später gehen wir zum Strandkorb zurück. Die Jungs mieten sich ebenfalls einen und stellen ihn direkt neben unseren. Das ist auch nicht besser, denn keiner spricht mit mir. Ich lese dann eben.

Irgendwann gehen wir alle zusammen etwas essen. Das Essen schmeckt mir nicht. Nur weil ich das auch sage, meint einer von den Jungs, dass ich voll der Meckerpott sei und er sich wundere, wie meine Freundin das überhaupt aushält mit mir. *Ich bin total gekränkt.* So eine Frechheit! Das hätte er sich *nicht erlaubt, wenn ich schlank gewesen wäre*. Zum Glück hält Gesa zu mir. Der Junge muss sich bei mir entschuldigen, darauf besteht Gesa. Ich weiß aber, dass die anderen beiden Jungs genauso denken und mich absolut lästig finden.

Später gehen meine Freundin und ich in unsere Pension zurück. Wir ziehen uns um, denn für den Abend haben wir Theaterkarten. Gesa sieht voll geil aus in ihrem fast durchsichtigen Oberteil. Ich selbst habe immer dasselbe an: schwarze Hosen und eine kaschierende, lange graue Bluse. Irgendwie finde ich nie etwas Cooles zum Anziehen. *Alles nur wegen meinem Fett!*

Das Theater ist irgendwie blöd. Gesa genießt es und lacht oft. Ich bin gar *nicht so richtig bei der Sache*. Ich fühle mich so *minderwertig* und irgendwie *asozial*. Im Theater ist mir zum Heulen.

Als endlich alles vorbei ist, möchte ich gleich nach Hause und will dann auch sofort ins Bett. Der ganze Urlaub ist voll scheiße!«

Valentina ist der Jammer-Typ, der nichts mit sich anfangen kann und zuviel von außen erwartet. Es gibt Gemeinsamkeiten, egal, ob sich die dicke Frau eher zum überangepassten, zum nörgeligen oder zum jammernden Typ zählt. Bei der dicken Frau in der Urlaub-Übung fällt auf, dass sie

- recht wenig Eigeninitiative zeigt – **(Passivität)**
- keine eigenen Entscheidungen trifft – **(Mitläufertum)**
- hofft, dass andere emotional für sie sorgen – **(Erwartungshaltung)**

Das dicke Selbstbild

Gilt es wirklich, das Bild, wonach dicke Menschen eher *dumm, faul, überempfindlich,* aber auch *gemütlich* sein sollen? *Sinnloses Reinstopfen von Nahrungsmitteln, Passivität, mangelnde Eigeninitiative, ausgeprägte Erwartungshaltung, soziale Isolation, Mitläufertum, Opferrolle und Wegschauen, wenn Hinsehen gefordert ist,* könnten diesen Eindruck erwecken.

»Alles Humbug«, sagt Petra S. dazu. »Es sind doch nur Phantasie-Übungen, und von der Anleitung her ist ja schon vorgegeben, dass man sich selbst extrem dick vorstellen soll. So dick ist doch in Wirklichkeit kaum einer. Also ist auch alles, was man mit einer Phantasie-Figur verbindet, reine Phantasie.«

Liebe Petra, leider ist es nicht ganz so einfach.

Die Übung ist deswegen ins Extrem verzerrt, um wie in einer Karikatur die wichtigsten Merkmale hervorzuheben. Durch das Überzeichnen erkennen wir überhaupt erst einmal, welche Charaktereigenschaften und Verhaltensweisen wir uns *selbst* zuschreiben, wenn wir uns als richtig fett erleben. Wenn wir uns vorstellen, wir hätten nur fünf Kilo zuviel, kommen diese Zuschreibungen nicht voll zum Vorschein.

In den wenigen Fällen, in denen ich Dick-Dünn-Übungen mit nicht essgestörten Männern und Frauen durchführte, war das Ergebnis völlig anders. *Die essgesunden Männer blieben unabhängig von der Figur immer sie selbst. Sie stellten sich im dicken Zustand vor, dass sogar ihre Kleidung die gleiche blieb – eben nur einige Nummern größer.* Einem Mann platzten in der Vorstellung beim Dickerwerden die Knöpfe vom Hemd, was er sehr erheiternd fand.

Essgesunde Frauen hatten etwas mehr Hemmungen, was eventuell mit unserem schlanken Schönheitsideal zusammenhängt. Aber auch sie konnten trotz ihres imaginierten Fettes *die Party genießen, im Tagesablauf einigermaßen unbeschwert und kompetent sein,* sie konnten *anderen Grenzen setzen* und *ließen sich nicht alles gefallen.*

Alle essgesunden Frauen und Männer blieben immer dieselbe Person, egal, ob dick oder dünn. Sie waren in der Übung stets sie selbst.

Andererseits gibt es gertenschlanke bulimische Frauen, die sich, wenn sie nur ein paar Bissen mehr als geplant gegessen haben, genauso fühlen wie die »dicken« Frauen in den Übungen zuvor. Obwohl sie nach ein paar Happen zuviel von außen gesehen noch genauso schlank wie vorher sind, *fühlen sie sich schlagartig fett, verachtenswert, voller Scham und von allen isoliert.* Das sollte uns sehr zu denken geben!

Alle diese schrecklichen Gefühle verändern unser Verhalten im Alltag und fordern einen hohen Tribut: Entscheidungen werden nicht getroffen, Beförderungen werden nicht beantragt, Stellen werden nicht gewechselt, Angreifer werden nicht in ihre Schranken verwiesen, Diplomarbeiten werden nicht beendet, Hausarbeit wird nicht delegiert, Feste werden nicht besucht und Reisen nicht angetreten.

»Ja, klar«, wendet Petra ein, »aber diese Probleme haben manche Dünne doch auch.«

Richtig. Der Unterschied ist nur, dass *eine dicke Frau die Ursache für ihr So-Sein allzu häufig auf das Fett schiebt.* Und damit *gibt sie einen Teil ihrer Verantwortung ab. Das macht sie so ohnmächtig. Und gleichzeitig mächtig: Sie braucht doch nur abzunehmen und schon ist – angeblich – alles okay.*

Die Selbstwahrnehmung ist gespalten in ein dickes und in ein dünnes Selbstbild. Ein Bissen zuviel kann Ihre Selbstwahrnehmung völlig verändern und Ihr dickes Selbstbild dermaßen aktivieren, dass alles andere nicht mehr zählt. Wenn Sie sich dann *fremdbestimmt, antriebslos, gelähmt, schwach, minderwertig, dumm und faul fühlen*, dann ist sie bereits zugeschnappt – die Resignationsfalle.

II Die Resignationsfalle

Dick, dicker, minderwertig

»Vor kurzem war ich in einem Kleidergeschäft. Ich wollte mir etwas Neues zum Anziehen kaufen – für den Sommer. Als ich mir ein paar Kleidungsstücke angeschaut hatte, fiel mein Blick auf ein weit ausgeschnittenes ärmelloses Oberteil. Es gefiel mir gut, und ich dachte, dass ich es einmal anprobieren sollte. Irgendwie fand ich mich in diesem Moment nicht so dick. In der Umkleidekabine kam dann der große Schock. Ich sah in diesem Oberteil so fett aus, dass ich es kaum aushielt. Besonders von hinten sah ich so gigantisch aus, dass ich mich kaum wiedererkannte. Ich schämte mich vor mir selbst. *Es war ein Gefühl, als wäre plötzlich ein Schleier von meinen Augen gefallen: Das ist die Realität, so sehe ich aus!* Es passiert mir öfter, dass ich mich schlanker einschätze, als ich bin. Immer wenn ich dann mit den Tatsachen konfrontiert werde, stürze ich innerlich ab«, schrieb mir eine 30-jährige Frau, die 85 kg wiegt und 1,52 m groß ist.

Bei ihrem Absturz ist sie tief in die Resignationsfalle hineingeplumpst.

Es ist ja nicht (nur) das Fett, das den Absturz verursacht, sondern alles, was wir damit verbinden. Also sind Frauen immer dann absturzgefährdet, wenn sie sich besonders dick fühlen. Und wann fühlt sich eine Frau besonders dick? Fragen wir zuerst wieder Petra S. Diese überlegt nicht lange:

»Am dicksten fühle ich mich, wenn ich im *Badeanzug* bin und mich nicht in meinen Kleidern verstecken kann. Sehr schlimm sind auch *Arztbesuche*. Da geniere ich mich schrecklich. So im Alltag vergesse ich oft, dass ich dick bin. Es wird mir erst dann wieder bewusst, wenn ich neben schlanken Frauen stehe. Dann erschrecke ich vor meinem eigenen Umfang.

Manchmal fühle ich mich auch besonders fett, wenn ich mich durch die voll besetzte Straßenbahn quetschen muss oder durch eine volle Kneipe. Dann spüre ich die verächtlichen Blicke fast körperlich im Nacken.

Es kommt auch darauf an, wie ich angezogen bin. Ich habe da so ein rotes Jacket, in dem fühle ich mich absolut geschützt. Es ist aus festem, aber weichem Stoff, schmiegt sich an und macht jede Bewegung mit. Wenn ich aber *schlecht angezogen* bin und womöglich gerade noch *meine Tage* bekommen habe, dann fühle ich mich nicht nur dick, sondern auch minderwertig. Das endet dann meistens in einem Fressanfall.«

Petra fühlt sich vor allem dann zu dick, wenn sie *exponiert* ist und eine negative Beurteilung von außen erwartet. Andere Frauen haben noch andere Aspekte beobachtet. Andrea, 32 Jahre, Messehostess, 87 kg:

»Recht dick und unwohl fühle ich mich immer dann, wenn ich in der *Öffentlichkeit*, also meist am Messestand stehe und eigentlich ein Aushängeschild für die jeweilige Firma sein sollte. Es ist eine Situation, in der es absolut *auf gutes Aussehen ankommt*. Dadurch, dass ich mich immer sehr pflege und schminke und in den teuren Kostümen meine Problemzonen gut kaschieren kann, halte ich dann so etwas wie eine Fassade aufrecht. Auch versuche ich immer, sehr freundlich und natürlich zu wirken. Das kommt auch sehr gut an.

Schlimm wird es aber, wenn ich Männer kennen lerne und *wir uns näher kommen*. Meist blocke ich jede Beziehung schon im Ansatz ab. Die Vorstellung, meine Miederhose und den Push-up-BH abzulegen, ist für mich schlimm. Sie verstecken meinen Hängebusen und Hängepo. Eigentlich bin ich eine *Mogelpackung*.«

Und je besser Andrea »mogelt«, umso größer werden ihre Ängste vor der Stunde der Wahrheit. Nun zu Britta, 53 Jahre, Grundschullehrerin, 91 kg:

»Es ist mir schon aufgefallen, dass ich mich *in flachen Schuhen* völlig anders fühle als in Schuhen mit kleinem Absatz. Mit Absatz fühle ich mich nicht nur schlanker, sondern insgesamt souveräner. Kann es sein, dass vier Zentimeter so viel ausmachen?

Am schlimmsten und dicksten fühle ich mich, wenn ich mit meinem Mann *Sex* haben möchte, und er weist mich ab. Dann denke ich, wenn du 30 kg weniger hättest, dann wärst du wieder interessant. Und das tut weh!

Früher hat es mich schrecklich irritiert, wenn ich in meiner Schulklasse stand und die Kinder *tuschelten* und *lachten über mich*. Heute gehe ich anders damit um. Ich spreche in einer Stunde offen mit den Kindern über Unterschiede zwischen den Menschen. Unterschiedliche Haarfarbe, Größe, Hautfarbe, Nasenformen und eben auch über unterschiedliche Figuren. Die kleineren Schüler verstehen, dass es Unterschiede gibt und akzeptieren es meist schnell.«

Britta fühlt sich vor allem aufgrund ihres Fettes *abgelehnt*. Zum Schluss noch Daniela, 25 Jahre, Reiseverkehrskauffrau, 81 kg:

»Es ist seltsam, aber ich fühle mich immer dann hoffnungslos fett, wenn ich einen *Fressanfall* gehabt habe. Und das ist verdammt oft der Fall. Eigentlich würde ich gerne öfter zum Sport gehen oder ins Fitness-Studio. Komisch, dass ich genau dann oft einen Anfall bekomme. Hinterher gehe ich natürlich nicht mehr aus dem Haus.«

Wenn sich Daniela direkt nach dem Essanfall so dick fühlt, dann sind es vor allem *Scham* und *Selbstbestrafung*, die dieses Gefühl auslösen.

Die negative Eigenbewertung – oh Gott, ich bin ja dick – springt immer dann an, wenn die *Selbstaufmerksamkeit* erhöht wird.

MACHEN SIE SICH KLAR:
Es ist nicht das Fett alleine, das Sie resignieren lässt, sondern es sind die schlechten Gefühle und die negativen Folgen, die Sie mit dem Dicksein verbinden.

Achtung: Absturzgefahr!

Darüber sind sich heute alle einig: Dicksein ist schlecht, Schlanksein ist gut. Also stürzen Frauen leicht in die Resignationsfalle, wenn sie sich zu dick fühlen. Aufgepasst: nicht, wenn sie zu dick *sind*, sondern wenn sie sich zu dick *fühlen*!

Schauen wir uns einmal an, was dicke Frauen am Dicksein am schlimmsten finden. »Alles«, würde so manche dicke Frau sagen. Aber was heißt das? Petra S.:

»Am schlimmsten finde ich am Dicksein, dass man sich *unattraktiv* findet. Durch das Gefühl, unattraktiv zu sein, werde ich *gehemmt*. Durch die Hemmung wirke ich *verkrampft*, und durch die Verkrampfung bin ich bei Kontakten sehr *zurückhaltend*. Dann wirke ich leicht *arrogant*, dabei bin ich nur unsicher. Eigentlich glaube ich, dass mich die Leute wegen meiner Figur ablehnen. Wenn man aber arrogant wirkt, ist man schnell *isoliert* in einer Gruppe.

Schlimm sind auch die ›technischen‹ Probleme, beispielsweise dass man *schnell aus der Puste kommt*, dass man Mühe hat, *passende Kleidung* zu finden. Obwohl das auch sehr lästig ist, finde ich, dass die *Selbstwertprobleme* durch das Dicksein meine Lebensqualität am meisten beeinträchtigen.«

Dies fanden noch mehr Frauen, zum Beispiel Andrea, Messehostess:

»Am schlimmsten ist für mich, dass ich mich *ständig selbst diskriminiere* und mich für *minderwertig* halte. Das erzeugt bei mir ganz viel Scham. Ich fühle mich *aus bestimmten Lebensbereichen ausgeschlossen*, vor allem vom Liebesleben. Leider habe ich auch noch die Einstellung, dass ich mich erst ab Größe 38 einem Mann ›zumuten‹ darf. Ich weiß, das ist Quatsch, aber ich kann nichts dagegen tun. Wenn ich ganz selten mal mit einem Mann Sex habe, dann muss das Licht aus sein. Und ich sterbe tausend Tode, wenn er mir über die Speckrollen am Bauch oder über den überdimensionalen Hintern streicht. Ich ziehe alles ein, was einzuziehen geht. Natürlich kann ich dann sexuell *nichts mehr fühlen*. Ich bin dann nicht mehr ich selbst.«

Britta, die Grundschullehrerin, sieht das inzwischen ein wenig anders:

»Ich selbst habe nicht mehr so viele Schwierigkeiten mit meinem Aussehen. Vielleicht kommt das auch durch mein Alter. Da hat man sich damit abgefunden, dass man kein schlankes Reh mehr wird.

Mich ärgert vor allem, dass einen andere Menschen gleich abwerten, ohne einen zu kennen. Man wird *nicht auf Anhieb akzeptiert*, hat keinen Vertrauens- oder Sympathie-Vorschuss. Auch dass mein Mann an meiner Figur *herumkritisiert* und auch meine Eltern und Schwiegereltern, das kränkt mich. Ich fühle mich *wie zweite Wahl.*«

Daniela, Reiseverkehrskauffrau:

»Wenn ich mich schrecklich dick fühle, dann ist mein Tag gelaufen. Ich bin nicht nur gehemmt, sondern ich *verkrieche mich* regelrecht. Manchmal gehe ich an solchen Tagen gar nicht erst ins Büro, sondern *melde mich krank*. Wenn ich dann zu Hause bleibe, versuche ich *verzweifelt*, an diesem Tag nichts zu essen. Und gerade dann passiert es leicht, dass ich das nicht durchhalte und sogar noch einmal einen Fressanfall bekomme. Manchmal geht das mehrere Tage so. Wenn ich dann wieder ins Büro komme, habe ich ein paar Kilo zugenommen und fühle mich aufgeschwemmt. Dann schauen mich alle komisch an, sagen aber nichts. Ich fühle mich dann so *schuldig*. Überhaupt sind *Scham, Ekel vor mir selbst und Schuldgefühle* für mich das Schlimmste am Dicksein.«

FAZIT:
Es sind Scham und ein tiefes Gefühl des Ungenügens, die Frauen in die Resignationsfalle tappen lassen.

Der Absturz

Stellen wir uns die Resignationsfalle als tiefe, dunkle Grube vor. Es gibt aber nicht nur ein einziges Loch, durch das man in die Falle plumpsen kann, sondern mehrere. Das Hauptloch kennen fast alle Essgestörten. Es besteht aus *strengen Normen, was gegessen werden darf und was nicht.* Irgendwann kommt bei jeder Frau, die sich so kasteit, der Punkt, an dem sie gerne mal wieder »Unerlaubtes« essen würde. Meist sind dies süße, fette oder herzhafte Nahrungsmittel. Jedenfalls immer leckere Dinge. Durch die strengen Normen erlaubt sich die essgestörte Frau nicht das kleinste Häppchen. Wenn sie nun ein bisschen vom Verbotenen nascht und immer mehr möchte, kommt sie an einen Punkt, an dem sie sich sagt: *»Jetzt kommt es sowieso nicht mehr darauf an!«* Dann ist ihr egal, wie viel sie isst, und sie bekommt einen Essanfall. Jetzt ist sie reingeplumpst.

Alle anderen Auslöser für Essanfälle sind ebenfalls Löcher, die direkt in die Resignationsfalle führen: *ohnmächtige Wut, Ängste, Einsamkeit, innere Leere, Überforderung.* Und immer wieder das Gefühl: *Es ist hoffnungslos.*

Ein großes Loch, das in die Falle führt, ist natürlich der Schock: *»Himmel, bin ich dick!«* Dann rollt eine Welle der *Scham* und der *Min-*

derwertigkeitsgefühle über die betroffene Frau, die ihr fast die Luft zum Atmen nimmt.

»Bei einem solchen Absturz fühle ich das blanke Entsetzen. Es ist, als wäre ich aufgewacht und hätte in der Nacht 30 Kilo zugenommen. *Ich habe natürlich ›gewusst‹, dass ich dick bin, aber jetzt ›spüre‹ ich es plötzlich.* Jetzt ist es mir *›bewusst‹* geworden. Ich fühle mich dann wie ein begossener Pudel. Ich fühle mich abgewertet, dumm, einsam, wertlos und deprimiert. Irgendwie steht alles auf Null«, klagt eine junge Mutter, die fast 100 kg wiegt.

Der Absturz beginnt immer mit dem unerträglichen Gefühl: *Du bist nicht in Ordnung!* Und: *Du hast versagt!* Diese Gefühle gilt es schnellstens loszuwerden. Und die »Lösung« bei essgestörten Frauen ist immer die gleiche: der Essanfall. Im Essanfall löst sich das Bewusstsein sofort von der Figur und fixiert sich auf leckere Speisen. Jetzt darf man alles, was sonst verboten ist: Alles essen, in jeder Menge, aus dem Vollen leben.

Bei dicken Frauen kann sich die *Ausblendphase*, in der sich die Essanfälle häufen, monatelang hinziehen. Das heißt, diese Frauen bleiben einfach in der Fallgrube sitzen und geben auf.

Sabine, 29 Jahre, Sozialarbeiterin, 98 kg, kennt solche »Auszeiten«:

»Meine Essensgrenzen dehne ich in solchen Zeiten immer mehr aus. *Ich verdränge dann komplett, was ich da tue.* Es ist ein unbewusst-bewusstes Vorgehen meinerseits. Wahrscheinlich ist meine Angst vor einem erneuten Aufwachen so groß, dass ich mir noch *eine ›Pause‹ gönne*, die ich mir mit maßlosem Essen verschönere. Frei nach dem Motto: ›Jetzt kommt es sowieso nicht mehr darauf an, also kann ich mir die Zeit, bis ich aufwache, noch etwas versüßen.‹«

Das Essen hilft dabei auch noch beim Verdrängen. Sabine:

»In diesen Zeiten nahm ich überhaupt nicht mehr wahr, was ich aß. Ich weiß noch, dass ich dann immer ein *freieres Lebensgefühl* hatte als zu den Zeiten, in denen ich so viele Essverbote und enge Grenzen hatte. Ich genoss die Spontaneität und hatte nicht so oft schlechte Laune. Mein Vater macht das ähnlich. Er ist ein Mensch, der über das Abnehmen redet, seit ich denken kann. Auch er besitzt die Fähigkeit, sich selbst bis aufs Äußerste anzulügen. Er kann behaupten, er esse nichts und im selben Augenblick geht er zum Kühlschrank. Warum er zunimmt? Das weiß er natürlich auch nicht.«

Die Esssucht-Therapeutin Anita Johnston schreibt dazu: »Viele Frauen, die mit einer Essstörung kämpfen, füllen sich den Kopf mit Gedanken ans Essen und essen so, wie sie leben: *wie in Trance*, sich nicht dessen bewusst, was sie wirklich wollen.«[2]

DENKEN SIE DARAN:
Genau diese Trance, diese Selbstbetäubung, ist für viele Probleme in Ihrem Leben verantwortlich. Nur wer aufwacht, kann seine Träume verwirklichen!

Ein böses Erwachen

Eines Tages aber wird die dicke Frau wieder mit ihrer Figur konfrontiert. Durch einen Blick in den Spiegel, ein Foto oder den bissigen Kommentar einer Boutique-Verkäuferin. Nachdem die erste Scham, die akuten Schuldgefühle und das große Entsetzen abgeklungen sind, kommen die guten Vorsätze. *Ab morgen wird alles anders!* Ab morgen wird anders gegessen, Diät gemacht und endlich abgenommen. *Je schneller und je mehr, desto besser!*

Und sofort stellt die dicke Frau den megastrengen Plan zusammen. Mit diesem hofft sie, zehn Pfund in zehn Tagen zu verlieren, und nach den zehn Tagen auch weiterhin täglich ein Pfund. Obwohl sie es in ihrem Leben schon tausendmal ausprobiert hat und daran tausendmal gescheitert ist, fällt sie doch auch diesmal wieder darauf herein. *Sofort kommt eine große Hoffnung hoch, die sich bis zur Euphorie steigert. Diesmal wird sie es schaffen! End-*

lich schlank werden und dann wird endlich alles gut. Alles! Sie wird es den Lästermäulern und Nervensägen zeigen, die sie mit guten Ratschlägen bombardierten. Weg mit dem Fett, das sie so unbeweglich und unattraktiv macht!

Das Fett hindert die dicke Frau ja an vielem:

»Das Fett behindert mich im Beruf, denn *ich lasse mir vieles gefallen,* weil ich mir sage: Petra, wenn du schon so fett bist, dann musst du durch andere Qualitäten glänzen. Dies sind zum Beispiel *Zuverlässigkeit, Einsatzbereitschaft und Nettigkeit*«, sagt Petra S.

Andere Frauen sehen es noch extremer:

»Das Fett hindert mich daran, *Kontakte zu Männern* zu knüpfen, zu flirten, *zu mir zu stehen* und *Sicherheit auszustrahlen*. Es macht mich *faul und träge*. Dann bleibe ich lieber im Jogginganzug zu Hause und gehe abends nicht mehr raus«, so Marita, 27 Jahre, Betriebswirtin, 87 kg.

»Es hindert mich daran, meine *Lebensziele und -inhalte zu finden*. Es hindert mich am *Führen eines glücklichen und unkomplizierten Lebens*«, meint Nadine, 24 Jahre, Bankkauffrau, 75 kg.

»Bei allen schönen Dingen, die ich machen möchte, denke ich, *wenn man dick ist, kann bzw. darf man das nicht tun*«, Maria, 37 Jahre, Hausfrau, 81 kg.

»Es hindert mich *am Atmen, am Leben und am Nehmen* was ich brauche«, Yvonne, 23 Jahre, Studentin, 70 kg.

Eine Frau brachte es auf den Punkt: *Es hindert mich am Glücklichsein.*

Wer so denkt, der kann ja nur noch auf die schlanke Zukunft hoffen! – Und was machen diese Frauen, bis es so weit ist?

Zugaben

In der Zeit, bis sie endlich dünn sind, machen dicke Frauen *Ausgleichsarbeiten*. Diese Zugaben, wie ich sie nennen will, setzen sich zusammen aus *vorauseilendem Gehorsam, Beschwichtigungsverhalten* und *kostenlosem Service*.

»Im Beruf arbeite ich mehr als meine gleich gestellte Kollegin, merze ihre Fehler aus und versuche, mich unentbehrlich zu machen. Privat versuche ich, die Wohnung in Ordnung zu halten. Ich koche und wasche und versuche alles in allem, mir keine Nachlässigkeiten durchgehen zu lassen. Ich bin fast perfektionistisch und immer angespannt«, Heidi, 33 Jahre, Sekretärin, 97 kg.

»Wenn man schon dick ist, dann muss man hilfsbereit sein in der Familie, möglichst nicht widersprechen, beim Sex alles mitmachen«, Patrizia, 40 Jahre, Verkäuferin, 81 kg.

»Ich schweige oft, auch wenn ich etwas zu sagen hätte. ›Nur nicht auffallen!‹ ist meine Devise. Ich übernehme unbeliebte Arbeiten, und wenn jemand fehlt, springe ich sooft wie möglich ein. Wegen meines Fettes habe ich permanent ein schlechtes Gewissen. Als ich eingestellt wurde, wog ich 57 kg. Ich weiß genau, dass mich mein Chef mit meinem heutigen Gewicht nicht mehr einstellen würde«, Ellen, 32 Jahre, Bankkauffrau, 76 kg.

»Ich bin grundsätzlich immer hilfsbereit, eigentlich schon ein gutmütiger Trottel. Meist bin ich zu nett und habe ein *schlechtes Gewissen, wenn ich einmal meine eigenen Wünsche und Bedürfnisse vor die der anderen stelle*«, Arabella, 35 Jahre, Ärztin, 71 kg.

Dicke Frauen haben das Gefühl, durch ihre Figur ein Manko zu haben. Um dieses auszugleichen, bringen sie noch eine Zugabe. Je geringer das Selbstwertgefühl der dicken Frau ist, desto größer ist ihre Zugabe.

Dadurch versucht sie sich aufzuwerten und unentbehrlich zu machen. Pech für die dicke Frau, denn: *Die Zugabe wird von den anderen als selbstverständlich genommen.*

»Ich kann mich nicht durchsetzen und gebe schnell nach aus Angst, ausgegrenzt und nicht mehr gemocht zu werden«, Ulrike, 38 Jahre, Telefonistin, 79 kg.

»Ich bin Chefsekretärin und habe einen cholerischen Chef. Bei ihm haben es meine Vorgängerinnen immer nur kurze Zeit ausgehalten. Ich bin quasi die erste, die seine Schreierei und seine Launen seit Jahren erduldet. Ich muss dann immer viel essen, wenn ich nach Hause komme. Mein Chef weiß aber, was er an mir hat. Zu Weihnachten bekomme ich dafür immer eine Kiste Wein. Eigentlich trinke ich ja keinen Alkohol, aber das interessiert ihn nicht. Wenn ich ehrlich bin, dann bin ich sogar *ein bisschen stolz darauf, dass ich so viel aushalten kann*«, Margret, 51 Jahre, Chefsekretärin, 97 kg.

»Ich bin demütig, dankbar, nicht aufsässig. *Für meine Rechte einzustehen wage ich nicht.* Meine Unterwürfigkeit macht meinen Mann und meine Kinder ziemlich aggressiv«, Gisela, 44 Jahre, Arbeiterin, 98 kg.

Und das ist der Gipfel: *Manche Frauen lassen es zu, dass ihre Mitmenschen in ihrem Fett einen Freifahrschein sehen, sie schlecht zu behandeln.*

GEGENMASSNAHME:
Wenn Sie zu den Frauen gehören, die eine Zugabe anbieten, dann fangen Sie noch heute damit an, diese allmählich zu reduzieren. Denn diese Zugabe macht Sie immer kleiner und minderwertiger. Irgendwann glauben Sie dann, nur wegen dieser Zugabe geliebt, respektiert oder anerkannt zu werden.

III Vorurteile gegen Dicke – Fakt oder Fiktion?

Wie das Fett seinen schlechten Ruf bekam

»Lasst dicke Männer um mich sein«, ließ William Shakespeare seinen Julius Caesar sagen. Er wusste, warum: Dicke sind satt und damit zufrieden. Und wer satt und zufrieden ist, fängt keine Palastrevolution an. Auch satte Tiere sind friedlich und legen sich meist schlafen.

Satt, zufrieden und wohlgerundet waren früher die schönen Frauen der Oberschicht, als es nicht selbstverständlich war, dass alle täglich satt wurden. Die Gemälde »Andromeda« (17. Jahrhundert), »Römerin« (16. Jahrhundert), »Venus im Bad« (19. Jahrhundert) und »Die schöne Susanna« (19. Jahrhundert) und natürlich die vielen Gemälde von Peter Paul Rubens (1577 bis 1640) zeigen Frauen mit ausladenden Formen. Die Frauen auf diesen Gemälden ruhen in sich und machen einen ausgeglichenen und zufriedenen Eindruck. Rubens' Werke sind »durch Farbenpracht und Sinnenfülle« gekennzeichnet. Dick zu sein hieß, täglich satt zu werden und damit ein relativ sorgenfreies Leben zu haben. »Eine stattliche Frau« war eine gute Erscheinung, eine magere eher eine kranke Frau.

In anderen Kulturen ist dies noch immer so. Die Zeitschrift *Nature* berichtete von Wisenschaftlern, die Fotos von dicken und dünnen Frauen den Männern eines Eingeborenenstammes in Peru vorlegten. Dabei stellte sich heraus, dass für die Männer nur die übergewichtigen Frauen als Ehefrauen in Frage kamen. Die unserem Schönheitsideal entsprechenden sehr schlanken Frauen beurteilten die Männer als fieberkrank oder mit Durchfall behaftet. Und die allerschlankste Frau erschien den Männern als »fast tot«.[3]

Es ist kein Zufall, warum sich gerade in der westlichen Welt, in der Nahrungsüberfluss herrscht, das superschlanke Schönheitsideal etablieren konnte. Superschlank wurde in den späten 60er-Jahren des 20. Jahrhunderts Mode. Es war die Zeit der »Palastrevolutionen«. In den USA tobte die Bürgerrechtsbewegung der Schwarzen, die keine Lust mehr hatten, im Vietnamkrieg verheizt und gleichzeitig als Menschen zweiter oder dritter Klasse behandelt zu werden. In Deutschland gingen die Studenten auf die Straßen, weil sie keine Lust mehr hatten, sich von Altnazis an den Universitäten in reaktionäre Strukturen pressen zu lassen.

Und über Europa schwappte aus den USA die Frauenbewegung (Women‘s Liberation Movement) herüber. Frauen wollten nicht nur Gleichberechtigung, sondern sie wollten Bildung, Berufstätigkeit und hatten keine Lust mehr, nur das Heimchen am Herd zu spielen. Die Antibabypille war gerade auf den Markt gekommen, und Frauen hatten es zum ersten Mal selbst in der Hand, ob sie schwanger werden wollten oder nicht. Und viele wollten es nicht mehr. Frauen drängten in die Universitäten, brachen in der Arbeitswelt in Männerdomänen ein. Mollige Figuren, die ja auch etwas Mütterliches haben, kamen völlig aus der Mode. Hausfrau sein, Mutter sein, mollig sein – das waren unsere Mütter. So wollten wir damals nicht sein.

In den 60er-Jahren nahmen auch die Zivilisationskrankheiten Bluthochdruck, Herzinfarkt, Schlaganfall und Diabetes sprunghaft zu, die in den kargen Kriegs- und Nachkriegsjahren kaum eine Rolle gespielt hatten. Man erkannte, dass diese Erkrankungen mit Übergewicht korrellieren. Dick sein wurde nun auch als Risikofaktor für Krankheiten gesehen, was sehr zu seinem schlechten Ruf beitrug.

Genau zu dieser Zeit nahmen Essstörungen sprunghaft zu. Frauen *müssen* seitdem dünn sein, koste es, was es wolle. Magersucht und vor allem Bulimie blühten in den 70er-Jahren auf. Die »neue Frauenkrankheit« Ess- und Brechsucht bekam 1979 den Namen »Ochsenhunger« (Bulimie). Topmodel dieser Zeit war die magersüchtige Twiggy.

Magerkeit war zum Sinnbild für Willenskraft, Selbstbeherrschung und Disziplin geworden. Diäten florierten. Je höher der Bildungsstand, desto schlanker die Frauen. Die amerikanische Präsidentengattin Nancy Reagan war in den 70er-Jahren Prototyp. Man konnte nicht dünn und nicht reich genug sein (Ausspruch der Herzogin von York). Fett waren nur noch die Dummen, Faulen und Willensschwachen. »Es gibt keine hässlichen Frauen, sondern nur faule«, war die Devise der amerikanischen Kosmetikherstellerin Helena Rubinstein. Was aussah wie ein Hoffnungsschimmer, wurde eine gigantische Verpflichtung, schön zu werden. Und das hieß vor allem, schlank zu werden. Der nunmehr so schlechte Ruf des Dickseins wurde zum Vorurteil gegen die Dicken: dumm, faul und bequem.

Sind Dicke wirklich dumm?

Keine Angst, ich möchte Sie mit einer solchen Frage nicht beleidigen und auch nicht provozieren. *Natürlich sind dicke Menschen nicht von Natur aus weniger intelligent als dünne.* Was aber heißt dann »dumm«?

Wenn wir Vorurteilen begegnen wollen, dann müssen wir zuerst einmal genau hinschauen, ob nicht ein Körnchen Wahrheit drin steckt, und wenn ja, wie dieses Körnchen Wahrheit beschaffen ist. Wenn man ein solches Körnchen bei sich entdeckt, dann kann man auch etwas daran ändern.

Wir haben gesehen, dass dicke Frauen oft wie in *Trance* essen. Sie blenden die Realität aus und *betäuben* sich selbst. Außerdem sind sie nicht unbeschwert, sondern machen sich viele trübe Gedanken um ihre Figur. Könnte sich dies nicht auch *auf Wahrnehmung und Denkvermögen auswirken*?

An der Universität Michigan wurde hierzu ein interessantes Experiment gemacht. Die Psychologin Barbara Fredericksοn und ihr Team stellten männlichen und weiblichen Studenten eine Reihe von Aufgaben. Ein Teil der Versuchspersonen sollten sich einen dicken Pulli anziehen und die anderen sollten die Fragebögen im Badeanzug ausfüllen. In einem Fragebogen sollte auch die eigene Figur beurteilt werden. Außerdem sollte angegeben werden, ob sich die Versuchsperson der eigenen Figur schämte. Dann folgte ein Mathematiktest, und danach sollten alle Versuchspersonen einen Schokoriegel verzehren.

Viele der Frauen im Badeanzug schämten sich ihres Körpers oder verabscheuten ihn, während die männlichen Studenten die ganze Situation nur albern fanden. »Wie nicht anders erwartet, aßen die Frauen weniger von dem Schokoriegel als die Männer, und wer sich am meisten wegen seines Körpers schämte, hielt sich am stärksten zurück.«[4] Das Schlimmste aber war, dass die Studentinnen in den Badeanzügen viel schlechter abschnitten als die anderen. Auch die Männer in den Badehosen schnitten schlechter ab als ihre Kollegen im Pullover. Es gab auch zwischen Frauen und Männern im Pullover Leistungsunterschiede, aber nicht so gravierende. *Den Frauen im Badeanzug hatten ihre Scham und ihre Gedanken ums Aussehen direkt aufs Denkvermögen geschlagen.*

Neben der Sorge ums Aussehen und der damit verbundenen Beeinträchtigung von Energie und Wahrnehmungsfähigkeit gibt es noch andere Faktoren, die einen nach außen »dumm« erscheinen lassen. Dazu ein kleiner Witz:

Mal wieder kommt der arbeitslose Maurer ins Arbeitsamt. »Wieso sind Sie denn schon wieder da?«, fragt der Arbeitsberater. »Ich habe Ihnen doch mindestens fünf Baustellen vermittelt, und bei keiner haben Sie angefangen.« Der Maurer verzweifelt: »Ja, aber was soll ich denn machen, da stand doch jedesmal ein Schild, worauf stand: ›Baustelle – betreten verboten!‹«

Wer sich schnell abschrecken lässt und schnell aufgibt, der wird leicht als »dumm« angesehen. Auch Zudienen, sich ducken und alles hinnehmen lassen einen nach außen hin dumm wirken. Alle »zu netten« Verhaltensweisen wie nachgeben, andere über sich selbst stellen, »gehorchen« und viel fragen lassen einen *unselbstständig* und *unsicher* wirken.

Klopfen Sie Ihre Zugaben einmal daraufhin ab, in welchem Licht diese Sie erscheinen lassen. Die »Zugaben« sind ja besonders groß, wenn Sie voller *Scham* sind. Beispielsweise nach einem Essanfall. Nach einem Essanfall ist Ihr Bauch übervoll. *Dieses Völlegefühl blockiert Ihre Atmung und Ihre Gefühle.* Und wenn Sie nicht mehr richtig fühlen können, dann können Sie auch nicht mehr richtig denken, weil Sie Teile Ihrer Wahrnehmung ausblenden. Und weil die *Selbstvorwürfe* und die *Selbstabwertung* bereits eingesetzt haben.

SOFORTMASSNAHMEN:

- **Ziehen Sie sich immer gut an, damit Sie sich keine unnötigen Gedanken über Ihr Aussehen machen müssen.**
- **Entwickeln Sie Ausdauer und Hartnäckigkeit, um etwas zu erreichen.**
- **Reduzieren Sie Ihre Fragen auf die unbedingt nötigen.**
- **Achten Sie darauf, wo Sie zu nett sind, und reduzieren Sie Ihr Nettsein in kleinen Schritten.**

Sind Dicke wirklich faul?

»Eigentlich nehme ich mir jeden Tag erneut vor, heute weniger zu essen oder sogar eine Diät anzufangen«, erzählt Petra S. »Gleichzeitig nehme ich mir vor, überhaupt *mein Leben zu ändern.* Das heißt für mich vor allem, dass ich mich mehr bewegen möchte, dass ich meinen Haushalt auf Vordermann bringen möchte, dass ich meinen Schriftkram auf den neuesten Stand bringen will und dass ich vor allem endlich ein paar überfällige Entscheidungen treffen muss. Diese Entscheidungen betreffen vor allem die Einrichtung unseres Wohnzimmers. Wir müssten eine neue Couchgarnitur, einen neuen Fernseher und eine neue Schrankwand anschaffen. Das Geld ist vorhanden, aber wir scheuen die zeitaufwändige Suche in den Möbelhäusern. Mein Mann Harald kümmert sich nicht gerne um solche Sachen. Ihm ist ziemlich egal, wie er wohnt. Mir aber nicht. Ich bin da ziemlich empfindlich, wenn es zu Hause ungemütlich ist.«

Bei näherem Hinsehen entdecken wir, dass Petra in den Zeiten, in denen sie wenig isst, auch ihr Gymnastikprogramm durchzieht, allgemein aktiver ist und auch eher Entscheidungen trifft. In diesen Zeiten *hofft sie wieder konkret, es diesmal zu schaffen und schlank zu werden.*

Wenn sie dann allerdings einen Essanfall hat, *geht gar nichts mehr.* Petra nimmt sich dann als *Versagerin* wahr, stellt sofort ihr Gymnastikprogramm ein, bewegt sich nicht mehr, schlafft vor dem Fernseher ab, trifft keine Entscheidungen mehr, ruft ihre Freundinnen nicht mehr an und *wartet.* Durch den *Kontrollverlust,* den der Essanfall darstellt, ist nichts mehr möglich. Von hundert auf null in 20 Sekunden (siehe *Der Absturz*, Seite 51ff.). Und da sich Probleme meist nicht von alleine lösen, türmen sich diese in der Zeit, in der Petra abstürzt. Ins Extrem verzerrt ergibt sich dann ungefähr folgende Situation:

Eine dicke Frau ist gestorben und kommt in den Himmel. Petrus fragt sie bei der Aufnahme: »Und warum hast du die Probleme, die wir dir geschickt haben, nicht gelöst?« Die dicke Frau antwortet schuldbewusst: »Leider hatte ich nicht die Willenskraft, dauerhaft abzunehmen.«

Tatsächlich gaben Frauen auf die Frage »Woran hindert mich mein Fett«? zur Antwort:

- »Es hindert mich am Sport, an der *körperlichen Beweglichkeit.*
- »Das Fett behindert mich im Kontakt zu anderen Menschen und im Beruf. Durch mein Fett bin ich *unbeweglich und träge und getraue mich nicht, neue Dinge im Leben anzugehen.*«
- »Es hindert mich am Freisein, daran, *Entscheidungen zu treffen, und am Weggehen.*«
- »Es hindert mich am Finden meiner *Lebensziele und -inhalte.* Es hindert mich daran, ein *glückliches und unkompliziertes Leben* zu führen.«
- »Bei allen schönen Dingen, die man machen möchte, hindert es mich, weil ich denke, *wenn man dick ist, kann oder darf man das nicht tun.*«
- »Es hindert einen einfach am Leben, man *zieht sich zurück,* bleibt zu Hause in bequemen Klamotten und geht nicht raus.«
- »Es hindert mich, mir vom Leben zu *nehmen, was ich brauche.*«
- Und der Gipfel: »Es hindert mich am Leben! Es hindert mich am Glücklichsein!«

Ich hoffe, Sie sind entsetzt, wenn Sie das lesen. Heißt dies doch nicht weniger, als dass viele dicke Frauen *alle Macht über ihr Leben und ihr Lebensglück von ihrer Figur abhängig machen.*

Unlängst habe ich gelesen, dass bei einer Umfrage in den USA ein hoher Prozentsatz der Befragten angegeben habe, sie wären *lieber blind als dick*! Wahrscheinlich waren die Befragten weder dick noch blind. Doch das Ergebnis zeigt auf jeden Fall deutlich, wie wenig dick sein akzeptiert wird. *Die negative Selbstbeurteilung der Dicken wird von der negativen Fremdbeurteilung unterstützt.* Wie wirkt sich dies auf ihr Selbstwertgefühl aus?

Zwei Psychologinnen, Darcy Santor und Jennifer Walker von der kanadischen Universität Dalhousie, untersuchten, wovon es abhängt, ob wir ein starkes oder schwaches Selbstwertgefühl haben. Hängt es eher davon ab, wie wir selbst über uns denken, also wie positiv *wir selbst* unsere intellektuellen und körperlichen Eigenschaften beurteilen, oder eher davon, wie *andere* diese sehen?

Santor und Walker ließen 75 Versuchspersonen einen Fragebogen ausfüllen, in dem sie unter anderem äußere und innere Eigenschaften von sich selbst bewerten und deren Ausprägungsgrad angeben sollten. Außerdem sollten sie einschätzen, wie attraktiv diese Eigenschaften wohl für andere seien. Die Versuchspersonen sollten dann noch ihre körperliche Attraktivität beurteilen. Ihr Aussehen wurde zudem von unabhängigen Personen an Hand von Fotos eingeschätzt.

Die Psychologinnen kamen zu dem Ergebnis, dass unser *Selbstwertgefühl entscheidend vom Ausmaß der Aufmerksamkeit abhängt, das andere uns entgegenbringen.* Besonders gelte dies für äußere Attraktivität. *Je attraktiver jemand beurteilt werde, desto größer sei sein Selbstwertgefühl.* Wie schön sich jemand selbst finde, spiele hingegen kaum eine Rolle. Attraktivität scheint sich insbesondere auf das soziale Selbstwertgefühl positiv auszuwirken. Wer unter den Versuchspersonen bei anderen als »schön« galt, schätzte seine sozialen Fähigkeiten und Führungsqualitäten deutlich höher ein als »unattraktive« Versuchspersonen. »Mit zunehmender physischer Attraktivität werden Menschen auch überlegener und bestimmter, was in der Folge das Selbstwertgefühl hebt«, erklären die Forscherinnen.[5]

Dieses Ergebnis bestätigt auch, was die dicken Frauen über sich selbst sagen. *Dicke Frauen glauben nämlich, sie seien so wenig selbstbewussst, WEIL sie so dick sind.* Auf jeden Fall stimmt es, dass dicke Frauen sich zurückziehen, wenn sie sich akut zu dick fühlen, beispielsweise wenn sie »abgestürzt« sind. Auch nehmen sich viele dicke Frauen selbst als *träge, bequem, faul und schlampig* wahr. Natürlich gibt es viele dicke Frauen, die sich diese Eigenschaften nicht zuschreiben, und es gibt auch viele dünne Frauen mit diesen Eigenschaften. Faul, träge etc. zu sein hat mit *mangelnder Selbstdisziplin* zu tun. Und diese gehört zum Vorurteil gegen Dicke.

SEIEN SIE SICH BEWUSST:
Wer glaubt, dass sein Fett ihn vom Leben und vom Glücklichsein abhält, dass es ihn faul und träge macht und dass es ihn daran hindert, aktiv zu sein und Entscheidungen zu treffen, der gibt dem Fett zu viel Macht und Bedeutung. Der hat die Verantwortung für sich selbst abgegeben und damit die Kontrolle über sein Leben. Denken Sie einmal darüber nach! Das Fett hat genau so viel Macht, wie Sie ihm geben!

Sind Dicke wirklich so empfindlich?

»Nun tue ich doch wirklich viel im Büro«, berichtet Petra S. »Ich mache nicht nur die nötigen Arbeiten, sondern komme auch mal samstags. Ich bringe oft frische Blumen mit und stelle sie so auf den Schreibtisch, dass alle Kolleginnen was davon haben. Außerdem koche ich den Kaffee, spüle die Kaffeetassen und besorge sogar für das gesamte Büro den Kaffee. All das müsste ich nicht tun. Es gehört nicht zu meiner eigentlichen Arbeit, nützt aber allen. Nun hatte eine der Ganztags-Kolleginnen Geburtstag, was ich nicht wusste. Am nächsten Tag erfuhr ich, dass alle aus dem Büro bei ihr eingeladen waren – außer mir! Das hat mich sehr gekränkt!« Ein solches Verhalten würde uns alle kränken. Aber: *Nicht jeder käme auf die Idee, eine Einladung verdient zu haben, weil er im Büro den Kaffee kocht!* Dadurch dass Petra *stillschweigende Zugaben erbringt*, sammelt sie sich *vermeintlich* ein kleines Guthaben an. Und dieses Guthaben glaubt sie einlösen zu können wie einen Gutschein. Nur, die anderen wissen weder von diesem »Geheimkonto« mit dem Guthaben, noch kennen sie dessen Währung. Für die anderen existiert dieses Guthaben einfach nicht.

»Ich war hinterher nicht nur einfach enttäuscht«, berichtet Petra weiter, »sondern tagelang regelrecht deprimiert. Ich aß in diesen Tagen furchtbar viel. Ich glaube, ich wäre vor Wut geplatzt, wenn ich mich nicht hätte mit Essen beruhigen können. Meinem Mann habe ich es auch erzählt. Er meinte aber nur, ich sei einfach zu empfindlich. Vielleicht hätten die im Büro mich einfach nur vergessen. Vergessen?! Diese Äußerung hat mich dann noch mehr gekränkt. Bin ich denen denn gar nichts wert?!«

Zugaben sollen den eigenen »Wert« steigern. Tun sie es nicht, fühlt sich die dicke Frau noch minderwertiger, da sie glaubt, dass wenn sie schon *mit* Zugabe so wenig »wert« ist, sie dann *ohne* Zugabe überhaupt nichts mehr »wert« sei. Dieses Gefühl der Wertlosigkeit ist unerträglich.

Eine andere dicke Frau, Maike, 33 Jahre, Hausfrau und Mutter, 92 kg, beschreibt es so:

»Für meine Freundinnen bin ich oft der Seelen-Mülleimer, besonders für Maria. Ich höre zu und nehme einen Teil des Kummers auf mich. Wenn mir jemand ein Problem schildert, versuche ich, mich da ganz hineinzuversetzen. Umgekehrt aber, wenn ich selbst ein Problem habe, werde ich gerade von Maria oft mit schnodderigen praktischen ›Tipps‹ abgespeist. *Ich bringe viel mehr ein als zurückkommt.* Und dann bin ich enttäuscht. Wenn ich aber enttäuscht bin, sage ich mir, mein *Gefühl sei falsch* und *suche nach Entschuldigungen für die anderen.* Dann bekomme ich ein schlechtes Gewissen, weil ich enttäuscht bin.«

Maike hat bereits eine längere Therapie hinter sich und ist es gewohnt, über sich selbst ehrlich nachzudenken.

»Wenn ich rein rechnerisch *mehr investiert habe, als ich herausbekommen habe*, dann fühle ich mich zurückgewiesen. *Das schmälert meinen Wert.* Ich habe viel gegeben und mir dabei stillschweigend ausgerechnet, man würde mich emotional dafür entlohnen. Ich habe also eine unfaire, weil stillschweigende *Forderung* gestellt, die unerfüllt geblieben ist. Darum fühle ich mich traurig und wertlos. Ich *bin zu kurz gekommen, übergangen worden, ich wurde nicht beachtet und übersehen.*«

Die »Empfindlichkeit« besteht also einmal in einer Enttäuschung. Wenn andere durch ihr Verhalten mir gegenüber meinen Wert festlegen können, dann muss ich immer darauf bedacht sein, dass andere gut von mir denken. Und genau das tun dicke Frauen durch ihre Zugaben und durch das Image der Hilfsbereiten, der Verständnisvollen und Mütterlichen, das sie aufbauen. Sowohl Zugaben als auch alles, was der Imagepflege dient, *sind Vorleistungen, die an eine Erwartung geknüpft sind.*

Wer sein emotionales Wohlergehen auf eine so wackelige Basis stellt, kann sehr leicht gekränkt und verletzt werden. Dies tun übrigens nicht nur dicke Frauen, sondern alle Frauen, die sich minderwertig fühlen und glauben, dass sie abgelehnt werden.

MASSNAHMEN:

- **Überprüfen Sie Ihre »Kontenbeziehungen«, die Sie zu anderen aufgebaut haben.**
- **Überprüfen Sie auch, wie Sie nach außen wirken möchten (Image).**
- **Was möchten Sie von anderen dafür bekommen?**

IV Einmal Prinzessin sein – Die dünne heile Welt

Wenn ich erst mal schlank bin …

»Mein Mann behandelt mich so schlecht«, klagt eine füllige Ehefrau ihrer Freundin ihr Leid. »Lange halte ich das nicht mehr aus. Mir ist schon derart der Appetit vergangen, dass ich immer dünner werde.«

»Mensch, wieso verlässt du ihn denn dann nicht?«, fragt die Freundin entrüstet.

»Das will ich ja machen«, erwidert die Frau, »aber jetzt noch nicht. Ich warte noch, bis ich 55 kg wiege.«

Ob sie es dann wohl schafft? Wahrscheinlich hofft sie, dass ihr Mann sie mit 55 Kilo auf Händen tragen wird.

Stellen Sie sich vor, eine gute Fee kommt zu Ihnen und zaubert Ihr Fett einfach weg, sodass Sie Ihre Traumfigur haben. Wie fühlt sich Ihre Traumfigur an? Stellen Sie sie sich ganz plastisch vor. *Atmen Sie jetzt auf?* Oder kommt sofort die Angst, wieder zuzunehmen? Stellen Sie sich einfach vor, das Fett sei für alle Zeiten gebannt. *So, nun kann Ihr Leben anfangen.* Vorbei das Warten, das provisorische Leben, das gar nicht richtig zählte. Jetzt geht es los! Wie fühlt sich das an? Macht es gute Laune? Oder Angst? Vielleicht beides?

Wahrscheinlich ist es für Sie völlig ungewohnt zu denken, dass *das Leben in diesem Augenblick so wie es gerade ist, in Ordnung ist.* Als Kind denkt man, das Leben fängt an, wenn man groß ist. Dann darf man abends selbst bestimmen, wann man ins Bett geht. Dann darf man fernsehen bis zum Abwinken oder so viel Eis essen, wie man will. Später denkt man:

- »Wenn ich erst einmal die Schule beendet habe, dann ...«
- »Wenn ich erst einmal einen Freund habe, dann ...«
- »Wenn ich erst einmal verheiratet bin, dann ...«
- »Wenn ich erst einmal richtig Geld verdiene, dann ...«
- »Wenn ich erst einmal ein Kind habe, dann ...«
- »Wenn das Kind erst einmal in der Schule ist, dann ...«
- »Wenn das Kind erst einmal aus dem Haus ist, dann ...«
- »Wenn ich erst einmal pensioniert bin, dann ...«

Keiner sagt: »Wenn ich erst einmal im Altenheim bin, dann ...« Weil die Pünktchen hinter dem »dann« dann offensichtlich schon nicht mehr gelten. Die Pünktchen weisen in die Zukunft. Und irgendwann gibt es keine Zukunft mehr.

Viele dicke Frauen glauben, dass das *wirkliche* Leben noch vor Ihnen liege. Manche wundern sich, dass es so lange auf sich warten lässt. Manche haben schon fast aufgegeben und fragen sich, *ob das schon alles gewesen sei.*

Ist der Weg wirklich das Ziel oder ist das Dünnsein das Ziel? Worauf hoffen dicke Frauen, wenn sie dünn sind? Und sind sie damit glücklich? Kann die Traumfigur sie retten?

Alle finden mich toll!

Sie erinnern sich sicher an die Party-Übung, die ja in dickem Zustand für die meisten Frauen ein Graus ist. Aber jetzt dürfen sie endlich ihre Traumfigur haben.

DIE PARTY-ÜBUNG

STELLEN SIE SICH VOR, *Sie sind wieder auf der Party. Nun werden Sie immer dünner, bis Sie Ihre Traumfigur erreicht haben. Wie sieht Ihre Traumfigur aus? Was haben Sie an? Sind Sie alleine hier oder in Begleitung (von wem?)? Achten Sie darauf, wie Sie sich nun fühlen. Was machen Sie auf der Party? Halten Sie mit den Leuten, die Sie bereits kennen, ein Schwätzchen? Flirten Sie? Sitzen oder stehen Sie? Tanzen Sie? Essen Sie etwas? Gehen Sie auf neue Leute zu? Wie sind Sie drauf? Wie reagieren Männer und wie andere Frauen auf Sie? Und wie geht es Ihnen damit?*
Nach einigen Minuten: *Nun halten Sie das Bild an, wie man einen Film anhält, und kommen Sie in die Realität zurück. Dabei Arme und Beine kräftig bewegen, tief atmen und Augen auf.*

Unsere erste »Versuchsperson« ist wieder Petra S.:

»Meine Traumfigur ist *superschlank*, so Größe 36. Ich habe lange Beine, wie ich sie in Wirklichkeit leider nie haben werde. Diesmal bin ich *alleine* auf der Party und fühle mich sehr wohl. Ich trage ein *knallrotes, eng anliegendes Kleid mit tiefem Ausschnitt*. Ich sehe phantastisch aus, und als ich den Raum betrete, schauen alle zu mir her. Ich weiß nicht, ob mir das in Wirklichkeit so recht wäre, aber in der Übung habe ich es genossen. Ich habe eine *unglaubliche Macht*.

Sofort strebe ich auf die *Tanzfläche*. Im Nu bin ich *von mehreren Männern umringt*, die mich antanzen und mit mir *flirten*. Ich flirte mit allen gleichzeitig. Die Frauen interessieren mich überhaupt nicht. Irgendwann gehen wir alle zusammen an die Bar. Alle wollen mich einladen. Wir haben einen *Riesenspaß*. Ich stehe *im Mittelpunkt* und *habe volle Aufmerksamkeit*. Und ich kann es genießen. *Endlich gehöre ich dazu!*«

Petra strahlt. Sie sieht auf der Party keinerlei Konflikte. Weder mit rivalisierenden Männern noch mit eifersüchtigen und neidischen Frauen. Petras Variante des dünnen Selbstbildes ist mit Abstand die häufigste.

Fragen wir nun Waltraud, die sich im dicken Zustand eine Geburtstagsfeier im engsten Familienkreis vorgestellt hatte.

»Ich bin nicht rappeldürr, sondern wohlgeformt, mit großem, schönem Busen. Irgendwie fühle ich mich viel *jünger* [Waltraud ist 48] und *sehr lebendig*. Ich trage immer noch ein grünes Kleid, aber nicht mehr so bieder, sondern meine Formen und vor allem den Busen betonend. Alle *bewundern* mich. Die Frauen wollen ganz genau wissen, wie ich es geschafft habe, so viel abzunehmen. Die Männer glotzen mir zuviel auf den Busen. *Ich fühle mich etwas unbehaglich.* Ich unterhalte mich gut, fühle mich im Mittelpunkt stehend.

Irgendwann hätte ich auch gerne wieder meine Ruhe, und ich stelle mir vor, dass ich mit zwei Frauen einen Spaziergang mache. In der Realität würde ich das nie wagen. Da könnten die anderen ja denken, es gefalle mir nicht. *Jetzt ist mir aber egal, was die anderen denken.* Ich schaffe es besser, mich abzugrenzen, als als dicke Frau. *Die anderen Gäste achten mich mehr.* Abends gehe ich dann recht bald nach Hause. Mit mir selbst bin ich zufrieden. Ich fühle mich *souverän und voller Energie*. Ein tolles Gefühl!«

Waltraud unterscheidet sich mit dicker und dünner Figur nicht so stark. Sie will vor allem nicht zuviel Nähe. *Abstand* und *Abgrenzung* tun ihr gut. Ariane, 32 Jahre, sehr attraktiv, ihr Gewicht pendelt zwischen 55 und 90 Kilo, hat die folgende Situation nicht nur in der Übung, sondern schon öfter real erlebt:

»Ich stehe mitten in einer Gruppe von Partygästen, hauptsächlich Männern. Ich habe mich zurecht gemacht und trage etwas Figurbetontes, was offensichtlich auch sehr gut ankommt. Ich versuche, lustig und charmant zu wirken, und flirte sogar ein bisschen. *Ich habe das Gefühl, ich gehöre dazu und die anderen mögen mich.* Ich bin nicht mehr nur Beobachterin wie als Dicke. Ich bewege mich *natürlich und ungezwungen*, da ich schlank bin. Ich fühle mich *attraktiv und selbstbewusst* und brauche mich nicht mehr zu verstecken und in einer Ecke zu sitzen.

Gleichzeitig merke ich, dass ich *sehr angespannt* bin. Auf der einen Seite genieße ich die Anerkennung, und auf der anderen Seite ist es sehr *anstrengend* für mich, im Mittelpunkt zu stehen und so viel reden zu müssen. Ich laufe auf Hochtouren und habe das Gefühl, durch mein Äußeres *in eine Rolle gedrängt zu werden, die ich auf Dauer nicht durchhalten kann*. Denn ich bin nicht so. Ich wirke *etwas oberflächlich* und merke, dass im Moment auch nichts anderes von mir erwartet wird – nach dem Motto: Es ist egal, *was* sie sagt, Hauptsache sie sieht gut aus, *während* sie es sagt. Dadurch bin ich einerseits mutiger in meinen Äußerungen, aber wenn sie sowieso *nicht gehört* werden, was bringen sie mir dann? *Meine Aussagen haben einfach nicht mehr so viel ›Gewicht‹, wie wenn ich dick bin.*

Ich *schauspielere* den ganzen Abend. Irgendwann tanze ich ausgelassen mit, was mich entspannt, da ich jetzt nicht mehr reden muss und ganz auf mich konzentriert bin.

Als die Party vorbei ist, bin ich heilfroh. Ich fahre erschöpft nach Hause. Irgendwie freut es mich, dass ich einen guten Eindruck hinterlassen habe. Ich spüre keinen Essdruck und finde es herrlich, dass ich jetzt alleine – ohne mit jemandem sprechen zu müssen – wieder ›auftanken‹ kann.«

Bei Ariane spüren wir die *Ambivalenz*, die sie dem Schlank- und Attraktivsein entgegenbringt. Sie kennt einfach das Dicksein und das Dünnsein aus eigener Erfahrung und den Preis, den beide Zustände haben.

Was haben nun alle drei Frauen gemeinsam?

- Alle Frauen glauben, dass die anderen auf der Party sie schlank ganz toll finden – **(Bewunderung von außen)**
- Alle Frauen stellen sich vor, dass sie mehr respektiert werden – **(mehr Achtung)**

- Alle Frauen haben das Gefühl, dass sie dazugehören und gemocht werden – **(Zugehörigkeitsgefühl)**
- Alle Frauen stellen sich vor, dass sie hübsch sind und sich selbst besser leiden können – **(höhere Selbstakzeptanz)**

Die perfekte Superfrau

Die zweite Übung zur Erforschung des dünnen Selbstbildes ist wieder die Übung zum »Tagesablauf« – dieses Mal die »dünne Version« davon.

DIE TAGESLAUF-ÜBUNG

STELLEN SIE SICH VOR, *Sie liegen morgens im Bett, und der Wecker klingelt. Bevor Sie aufstehen merken Sie, wie Sie immer dünner werden, bis Sie zuletzt Ihre Traumfigur erreichen.*
Nun stehen Sie auf. Im Kleiderschrank hängen die Kleidungsstücke, die Sie mit Ihrer Traumfigur tragen möchten. Sie gehen durch den gleichen Tag wie als dicke Frau. Achten Sie auf Ihr eigenes Verhalten und auf Ihre Gefühle. Achten Sie darauf, wie Ihre Familienmitglieder, wie andere Frauen und wie Männer auf Sie reagieren. Gehen Sie durch einen ganzen Tag, bis Sie nachts einschlafen.
Danach kehren Sie wieder in die Realität zurück: Nun Arme und Beine kräftig bewegen, tief atmen und ganz zum Schluss die Augen auf.

Petra S. ist ganz glücklich, als sie die Augen aufschlägt:

»Wow, das war ein Power-Tag«, legt sie los. »Noch im Bett vor dem Aufstehen konnte ich meine Hüftknochen wieder spüren. *Gut gelaunt* sprang ich aus dem Bett. Mein Mann kam aus dem Staunen gar nicht mehr heraus. Er war *hingerissen*. Natürlich hatte ich auch ein sexy Nachthemd an, nicht mein olles Flanellhemd.

Leider hatten wir keine Zeit, länger im Bett zu bleiben. Aber egal. Ich zog ein eng anliegendes blaues Jerseykleid an und eine lockere bunte Bluse darüber. Es sah gut aus. Dann machte ich dem Kind Frühstück, ich selbst hatte *keinen Hunger*.

In der Bahn schauen schon alle Männer auf mich. Ich bin die *Prinzessin* und fühle mich auch so.

Dann im Büro sind alle ausgesucht nett zu mir. *Die Männer balzen um mich, die Frauen bewundern mich.* Die Arbeit geht locker voran. Gut gelaunt *erfülle ich alle Anforderungen*. Meine *Energie ist grenzenlos*. Ich bin heute allem und jedem gewachsen. Ruckzuck ist es 13 Uhr, und ich fahre wieder nach Hause.

Wieder kaufe ich für das Mittagessen ein. Die Verkäuferinnen machen mir Komplimente. Wie habe ich es nur geschafft, so schlank zu werden? Jeder beneidet mich. Das Kochen geht mir gut von der Hand. Wir essen dann alle zusammen. *Mein Mann ist mir ganz ergeben und sehr zuvorkommend.* Nach dem Essen erledige ich die Hausarbeit, was mir heute nichts ausmacht. Mein Mann geht nicht mehr in die Kanzlei und hilft mir sogar ein bisschen. Melanie macht ihre Hausaufgaben.

Später kommt dann noch eine Freundin vorbei. Wir haben ein gutes Gespräch. Auch sie bewundert mich. Komisch ist, dass ich *so viel Zeit habe ohne das ewige Essen und Fernsehen*.

Abends spielen Harald, Melanie und ich zusammen ein Brettspiel. Ich habe das Gefühl, dass wir eine richtige Familie sind. Und als Melanie im Bett ist, haben Harald und ich sogar Sex miteinander. Auch das ist wunderschön. Ich bin einfach glücklich.« Und Petra ergänzt lächelnd: »Schade, dass ich nicht schlank bin. Da wäre in meinem Leben wirklich alles anders!«

Wie Petra denken viele dicke Frauen. Und ich höre häufig die Frage: Was machen denn Menschen ohne Essstörung mit ihrer Zeit? Was denken denn die Glücklichen, die nicht den ganzen Tag an Essen, Kalorien und Diäten denken müssen, so? Diese Frauen ahnen bereits, wie sehr die Essstörung ihr Leben aushöhlt.

Isolde, 38 Jahre, 95 kg, Mutter von zwei Kindern, steuert den zweiten »dünnen Tagesablauf« bei:

»Ich stehe schnell auf und bin im Gegensatz zu sonst auch gar nicht mehr müde. Da ich als Erste aufstehe, ist im Bad auch kein Gedränge. Ich habe es ganz für mich alleine. Ich habe als dünne Frau ein pinkfarbenes Shirt und eine schwarze Hose an. Dazu einen breiten schwarzen Gürtel. Als ich im Bad fertig bin, wecke ich meine Kinder. Inzwischen ist auch mein Mann aufgestanden. Er gibt mir liebevoll einen Kuss. Die Kinder sind *pflegeleichter* als sonst. Schnell mache ich Frühstück für uns alle. Mein Mann küsst mich zum Abschied.

Später bringe ich meinen Sohn in den Kindergarten. Wieder stelle ich mir vor, dass einige Mütter vor der Türe tratschen. Diesmal beziehen sie mich gleich mit ein. Jetzt fühle ich mich *zugehörig*. Sie laden mich sogar zum Kindergeburtstag ein. Mein Sohn stürmt durch die Türe. Ich komme dann hinterher, und die Kindergärtnerin kommt auf mich zu und bittet mich wieder, einen Kuchen zu backen. Diesmal macht es mir gar nichts aus. *Ich stimme freudig zu.*

Wieder zu Hause mache ich meine Hausarbeit, und das gerne. War ich im dicken Zustand eher fremdbestimmt, so fühle ich mich jetzt *selbstbestimmt*. Im Gegensatz zu sonst *weiß ich, was ich will.*

Meine Tochter ist heute nicht so anstrengend, und ich kann sogar noch mit einer Freundin telefonieren. Der Tag verläuft total *harmonisch*. Abends kommen Freunde, die Kinder sind nicht so wild wie sonst, und ich habe einfach ein *stabileres Nervenkostüm*. Das kommt natürlich auch daher, dass mein Mann so lieb zu mir ist und mein Selbstwertgefühl dadurch besser ist.«

Auch bei Isolde geht alles »wie von selbst«. Die Kinder sind pflegeleicht, der Mann anhänglich und bemüht. Und: Isolde *funktioniert reibungslos*. Ohne zu murren.

Margret, 52 Jahre, 80 kg, Krankenschwester, fasst ihren »dünnen Tagesablauf« kurz und prägnant zusammen:

»Heute ziehe ich mich ganz bunt und fröhlich an. Dann fahre ich mit dem Rad in die Klinik. Auf Station bin ich lebhaft, fühle mich lebendig und bin ausdrucksstark in Gestik und Mimik.

Alle wollen etwas von mir, aber ich *befriedige alle Ansprüche* gut gelaunt, gerne und fröhlich. Abends bin ich dann zwar müde, aber ich gehe noch mit meinem Mann und seinem Freund ein Glas Wein trinken.«

Im dicken Zustand hatte sich Margret vorgestellt, dass sie von einer Art Hülle umgeben ist, die sie schützte. Vor zu viel Nähe und zu vielen Ansprüchen. Braucht sie, wenn sie dünn ist, keinen Schutz mehr?

Dicke Frauen, die sich vorstellten, dünn ihren Tag zu gestalten, hatten gemeinsam, dass sie:

- sich selbstbestimmt fühlten – **(Souveränität)**
- immer gut gelaunt und willig waren – **(Unbeschwertheit)**
- ihr Leben »im Griff« hatten – **(Kontrolle)**
- lebendig, wach und nie lustlos waren – **(viel Energie)**

Mit eingebautem Spaßfaktor

Und wie geht es den dicken »dünnen« Frauen im Urlaub?

DIE URLAUB-ÜBUNG

STELLEN SIE SICH VOR, *Sie wachen morgens auf und sind im Urlaub. Sie sind mit einer Freundin an Ihren Urlaubsort gefahren. Die Freundin ist schon mehrmals hier gewesen und ist begeistert. Sie selbst finden den Urlaubsort eher abstoßend: Das Zimmer ist klein und geschmacklos eingerichtet. Das Klima ist für Sie zu heiß und die Landschaft zu langweilig. Ihre Freundin springt voller Tatendrang aus dem Bett.*
Stellen Sie sich nun vor, wie Sie einen Tag an diesem Urlaubsort verbringen. Wie gehen Sie mit Ihrer Freundin um? Was unternehmen Sie und was nicht?

Petra S. meint dazu:

»Ich bin wieder in Tunesien und habe in diesem dreckigen Hotelzimmer schon mal gar keine Lust aufzustehen. Dann ziehe ich mich irgendwann doch an. Mich leicht zu kleiden wage ich nicht wegen der gaffenden Männer da draußen. Also gesittet, hochgeschlossen.

Ich bin schon morgens richtig gereizt und bekomme mit der Freundin Krach. Sie möchte nämlich einen Ausflug machen. Ich schaffe es, mich von ihr *abzunabeln* und alleine am Pool zu bleiben. Dort liege ich dann den ganzen Tag im Schatten. Eigentlich wäre es für mich besser, mit dem nächsten Flieger nach Hause zu fliegen, aber das getraue ich mich noch nicht, denn dann wäre meine Freundin ganz alleine hier.

Natürlich bekomme ich viel männliche Aufmerksamkeit, worüber ich mich freue. Ich lasse es mir dann auch relativ gut gehen. Als die Freundin am Spätnachmittag zurückkommt, bin ich wieder versöhnt. Wir machen dann bei der Animation die ›Pool games‹ mit und haben viel Spaß.

Abends gehen wir schön essen und lassen den Abend in der Bar ausklingen. Ich amüsiere mich trotz der ganzen Misere. Irgendwie schwanke ich total und weiß nicht, ob ich es untragbar finden soll oder doch noch ganz passabel.«

Petra *schwankte zwischen aufmüpfiger Abgrenzung und jovialer Anpassung*. Das kommt ihr aus ihrem realen Leben bekannt vor. Petra fühlt sich dabei trotz aller Widrigkeiten recht souverän und selbstbestimmt und nicht so ohnmächtig und angepasst, wie wenn sie sich vorstellt, sie sei dick.

Schauen wir uns nun an, wie Lisa, 31 Jahre, 99 kg, Sekretärin, sich ihren »dünnen« Urlaub am unangenehmen Urlaubsort vorstellt:

»Ich bin wieder in Rimini, am ›Teutonengrill‹. Diesmal bitte ich meine Freundin nicht mehr, dass sie sich um ein anderes Zimmer kümmern soll, sondern bin viel mutiger und selbstständiger, und wir bemühen uns gemeinsam. Jetzt, wo ich dünn bin, komme ich viel leichter aus dem Bett und ziehe mir gleich die Badekleidung an und binde mir einen Pareo um. Ich nörgle nicht, sondern bin gut gelaunt und *lasse die Dinge auf mich zukommen*.

Am Strand bauen wir uns wieder ein Lager unter dem Sonnenschirm. Diesmal flippt nicht nur meine Freundin herum, sondern auch ich. Wir werden von Männern bewundert und angemacht. Sie gehen mit uns ins Wasser, und wir spritzen und planschen herum. *Ich bin voller Lebensfreude, unbeschwert und ausgelassen*. Und ich mache jeden Blödsinn mit.

Dieses positive Lebensgefühl zieht sich durch den ganzen Tag. Kein Wölkchen am Gefühlshimmel. Abends ist dann noch im Restaurant und an der Bar die Hölle los. Das alles geht bis morgens um fünf. Dann fallen wir todmüde und zufrieden ins Bett.«

Auch bei Lisa Lebensfreude pur, volle Power auf allen Kanälen. Und das fast rund um die Uhr. Wer hält das bloß aus?

Die Erzieherin Valentina, 23 Jahre, 86 kg, hat noch andere Aspekte beobachtet:

»Also, ich bin wieder an der Ostsee. Diesmal ist *schönes Wetter*, und ich *bin besser drauf.* Ich habe das Gefühl, *mehr dazuzugehören.* Ich habe eine Barbie-Puppen-Figur und die Haare blond gefärbt. Wir haben wieder einen Strandkorb gemietet und setzen uns zum Lesen hinein. Immer noch ist mir langweilig. Obwohl ein paar Typen vorbeikommen und sich mit uns unterhalten. Ich stehe irgendwie unter Strom, bin total *unruhig und nervös.*

Wir gehen mit den Jungs ins Restaurant. Ständig textet mich da einer zu. *Als ich dick war, hatte ich eher meine Ruhe.* Jetzt stehe ich mehr im Zentrum der Aufmerksamkeit. Eigentlich würde ich lieber in Ruhe essen. Irgendwann verlassen wir das Restaurant. Die Jungs mieten sich wieder einen Korb. Neben unserem. Da meine Freundin Gesa so gut drauf ist und so toll flirten kann, ist sie sehr beliebt. Als ich dick war, war ich mehr der Außenseiter-Typ. *Jetzt muss ich mithalten können*, sonst bin ich wieder außen vor. Und das will ich auf keinen Fall sein. Also flirte auch ich, was das Zeug hält. Gut.

Abends dann gehen wir ins Theater. Jetzt kann auch ich mich *toll anziehen.* Das ist das Beste! Ich habe eine schwarze Hose und eine goldene Spitzenbluse an. Natürlich alles eng anliegend.

Das Theaterstück gefällt mir diesmal besser. Jetzt muss ich mich ja nicht mehr auf mein Aussehen konzentrieren. Jetzt, wo ich dünn bin, merke ich halt, dass die Männer Gesa und mich taxieren und dass sie uns vergleichen. *Plötzlich sind wir Konkurrentinnen.* Dieser Aspekt ist mir neu, und er macht mir ein bisschen Angst.

Nach dem Theater ist noch nicht Schluss. Wir gehen in eine Kneipe. Auch da sind wir schnell von Männern umringt. Ich trinke ziemlich viel Sekt und bin rasch beschwipst. Irgendwann dann wanken wir nach Hause.«

Valentina, die sich als eher schüchtern einschätzt, *kommt power-mäßig schneller an ihre Grenzen.* Sie spürt die Verpflichtung des Mithaltens und den Druck, der vermehrten Aufmerksamkeit Stand halten zu müssen.

Alle Frauen stellten sich vor, dass sie mit Traumfigur im Urlaub

- unternehmungslustiger und unbeschwerter waren – **(mehr Lebensfreude)**
- sich auf neue Situationen schneller einstellen konnten – **(mehr Spontaneität)**
- weniger Zeit für sich und weniger Rückzugsmöglichkeiten benötigten – **(Extroversion)**
- sich besser abgrenzen konnten und sich besser spürten – **(mehr Kontur)**

Das dünne Selbstbild

Alle befragten Frauen glaubten, dass sie, wenn sie *dünn* wären auch gleichzeitig *schön* wären. Wann gilt überhaupt ein Mensch als »schön«? Antwort: Das kommt darauf an, ob es sich um einen Mann oder um eine Frau handelt. Von einer schönen Frau erwarten 71 Prozent der Deutschen tatsächlich vor allem, dass sie schlank ist. Bei einem Mann erwarten 69 Prozent, dass er muskulös und gut durchtrainiert ist. Dies ergab eine Umfrage des Allensbach-Instituts im Jahr 2000.

Was stellen sich die Frauen nun genau vor, wenn sie schlank und schön sind? Alle stellten sich vor, sie seien *attraktiver, gepflegter, sorgfältiger gekleidet,* hätten *modernere, gewagtere Kleidung* an. Also tiefere Ausschnitte, kürzere Röcke, kurze Oberteile und eng anliegende Pullis und Shirts. Auch sportlicher war die Kleidung. »Jetzt kann ich tragen, was mir gefällt«, war eine häufige Aussage. Der vermeintlich größte Schamfaktor »Fett« ist verschwunden, und nun kann das »richtige« Leben beginnen.

Mit der Traumfigur »bewaffnet« konnte frau nun unbeschwerter sein, sich besser bewegen und Sport machen. Hänseleien, hämische Blicke und dumme Sprüche waren kein Thema mehr.

Da die Reaktionen der Umwelt nun nicht mehr als abwertend, zurückweisend und spöttisch gefürchtet waren, getraute frau sich, aus sich herauszugehen. Sie wagte es, *gerader zu gehen* (»Nase und Blick hoch«), sich wieder *im Spiegel anzuschauen*, am Strand »oben ohne« zu liegen und wieder mal in die Sauna zu gehen. Auch getraute sie sich, *in der Öffentlichkeit zu essen*, im vollbesetzten Kino aufzustehen und zur Toilette zu gehen. Die dünne Frau wagte es, sich ohne schlechtes Gewissen mit einem guten Buch zurückzuziehen, zu schlafen, wenn sie müde war, und sie hatte wieder Lust, sich mit alten Bekannten zu treffen. Sie konnte sich durchsetzen, wurde *von allen gemocht und akzeptiert*. Durch die *höhere Akzeptanz der Umwelt* erhöhte sich die *Selbstakzeptanz*. Durch die höhere Selbstakzeptanz und die Akzeptanz von außen erhöhten sich die *Selbstachtung* und letztlich das *Selbstwertgefühl*.

Die dünne Frau wurde *mutiger*. Sie wagte es, sich auf Männer einzulassen, zu *flirten*, »beim Sex das Licht anzulassen«, hatte *weniger Angst vor dem Alleinsein und dem Alleinbleiben* und konnte sich dementsprechend besser abgrenzen und Beziehungen auch mal beenden. Im Beruf konnte die dünne Frau ihre Meinung äußern und sich besser behaupten, da sie sich nicht mehr so stark der Kritik ausgesetzt wahrnahm. *Jeder hatte die dünne Frau gern, bewunderte sie und akzeptierte sie als Mensch und als Frau. Die anderen fanden sie gut – egal, was sie tat.* Die dünne Frau fühlte sich *zugehörig*.

Durch diesen Rückhalt von außen wurde die dünne Frau unbeschwert und souverän. Sie hatte *viel Energie* und war *pausenlos gut drauf*. Sie war *spontan* und *extrovertiert*. Dieses Bild erinnert mich an die Frauen aus der Waschmittel- oder der Kaffeewerbung. Mit der richtigen Marke ist alles in Butter.

Die dünne Frau hatte ihr *Leben voll im Griff*, war *glücklich und zufrieden*. Oh, wunderbare dünne Welt!

V Wo dicke Frauen sich gewaltig irren

1. Irrtum: Schlank bin ich eine ganz andere Person

Die extrem starke Aufspaltung zwischen dickem Selbstbild und dünnem Idealbild ist nicht jeder dicken Frau voll bewusst. Rein theoretisch »wissen« die Frauen schon, dass bei Dünnen auch nicht alles Gold ist, was glänzt, und dass diese ebenfalls ihre Probleme haben.

In einer österreichischen Untersuchung wurde eine sehr dicke Frau gefragt, was denn anders wäre, wenn es ihr gelänge, ihr Wunschgewicht zu erreichen. »Ja, eigentlich würde sich nichts ändern«, antwortete die Frau. »Nur hätte ich vielleicht überhaupt keine Probleme mehr.« Die Befragte dachte sich wohl, dass sie dann ein leichtes, unkompliziertes Leben würde führen können. Irgendwie, auf magische Art und Weise. Die beiden Interviewerinnen schlossen aus dieser Antwort, dass die dicke Frau damit andeuten wollte, dass in dem Moment, wo sie nicht mehr all ihre Anstrengung auf die Stabilisierung des Gewichtes richten würde, »das Dahinterliegende sichtbar werden könnte [...] Dann würde sie mit dem Unerreichten, dem Unerfüllten konfrontiert werden.«[6]

Das Unerreichte und Unerfüllte spielt in den Tagträumen dicker Frauen eine große Rolle. Wer dick ist, träumt von Schlankheit. Wer hungert, träumt vom Essen. Wer arm ist, träumt vom großen Geld. Wer krank ist, träumt davon, gesund zu sein. Wer unterdrückt ist, träumt von Freiheit. Jeder Mensch strebt nach Wohlergehen. Dies ist eine menschliche Grundmotivation. In der amerikanischen Verfassung ist das Streben nach Glück (»the pursuit of happiness«) sogar ein verbrieftes Grundrecht.

Das Unerreichte und Unerfüllte dicker Frauen kommt natürlich auch in Phantasie-Übungen und Dick-Dünn-Übungen zum Vorschein. *Fakt ist, dass alle dicken Frauen und sehr viele Frauen, die sich zu dick fühlen, es aber nicht sind, mit der »Schlankheit« eine »heile Welt« verbinden, nach der sie sich heimlich sehnen.*

In den Phantasie-Übungen befinden sich die Frauen in einer tiefen Entspannung, in der die Kontrolle durch den Verstand viel schwächer ist als im Wachzustand. Die Inhalte der Übungen werden nicht aktiv »gemacht«, sondern drängen regelrecht aus dem Unterbewusstsein ins Bewusstsein. Oft sind Frauen selbst überrascht über Art und Heftigkeit von Gefühlen und Bildern, die sie auf den ersten Blick nicht mit sich und ihrer Lebenssituation in Verbindung bringen können.

Natürlich ist die beobachtete *Spaltung zwischen dem unangenehmen Dicksein und dem angenehmen Dünnsein* nicht bei jeder Frau so extrem ausgeprägt, aber sie ist bei allen essgestörten Frauen deutlich vorhanden. Charakteristisch ist dabei die *Schwankung zwischen Depression und Größenwahn*. Das *Gefühl der Minderwertigkeit, des Versagens und der Wertlosigkeit* auf der einen und das *Gefühl großartig, überlegen und unverwundbar zu sein* auf der anderen Seite zerreißen die Betroffenen fast.

»Als ich schlank war, wurde ich richtiggehend arrogant«, erzählte eine 25-jährige Verwaltungsangestellte. »Plötzlich war ich egoistisch, ich wollte ständig weggehen und mich zeigen. Ich glaube, mein Mann und meine Eltern waren froh, als ich dann wieder zunahm und wieder ›normal‹ wurde.« Auf meine Frage, was denn ›normal‹ sei, meinte sie: »Häuslich und ein bisschen depressiv.«

Das Phänomen des Schwankens zwischen Minderwertigkeit und Grandiosität nennen die Psychoanalytiker eine *narzisstische Störung*. Man versteht darunter ursprünglich die »Verliebtheit in das eigene Spiegelbild«, die in der griechischen Mythologie dem Jüngling Narkissos als Strafe auferlegt worden war, weil er die Liebe seiner Verehrer beiderlei Geschlechts nicht erhörte und einen sogar in den Selbstmord trieb. Die Verliebtheit in das eigene Spiegelbild hatte den »Vorteil«, dass er das Spiegelbild immer dabei hatte, und den »Nachteil«, dass die Liebe unerfüllbar war. Narkissos litt darunter so sehr, dass er sich erstach und sein Blut die Erde tränkte. Nach der Sage sollen aus dieser Erde dann die weißen, rotgeränderten Narzissen gewachsen sein.

Unter einem Narzissten versteht man nun jemanden, der »dazu neigt, seine guten Eigenschaften und Fähigkeiten vor sich selbst und vor den anderen zu übertreiben«, schreibt die Psychoanalytikerin Karen Horney. »Der Narzisst glaubt, er könne jede Aufgabe leicht bewältigen, er will im Mittelpunkt der Aufmerksamkeit stehen.«[7]

Das dünne Selbstbild ist das aufgeblähte, narzisstische Idealbild der dicken Frau, dem die »grandiosen« Eigenschaften zugeschrieben werden. Aber genauso, wie das dünne Idealbild nicht »echt« ist, sind diese »narzisstischen Eigenschaften« nicht echt. Sie sind »vorgespielt«, aber nicht bewusst vorgespielt. Die narzisstische Störung zeichnet sich durch die »Beeinträchtigung des Selbstwertgefühls aus und ist mit Entfremdung von sich selbst verbunden. Der Betroffene hat seine Gefühle, Wünsche und Bedürfnisse zugunsten einer Fassade aus Selbstsicherheit, Leistung, Perfektionismus, Attraktivität und scheinbarer Unabhängigkeit aufgegeben.«[8]

Nun ist es bei den dicken Frauen, die niemals schlank waren, noch etwas komplizierter. Bei ihnen kommt die narzisstische »Show-Seite« nicht zum Zug. Diese Seite wird nur als ideal erträumt. Wenn sich eine dicke Frau erträumt, dass sie eine ganz »andere« Person wäre, dann verbindet sie mit dem Anderssein Wünsche.

BEDENKEN SIE:
Der Wunsch, eine ganz andere Person zu sein, zeigt die tiefe Unzufriedenheit, Scham und Selbstabwertung der dicken Frau. Wenn wir um diese Wünsche wissen, können wir erkennen, was die dicke Frau wirklich braucht, damit es ihr in ihrem Lebenszusammenhang besser geht.

2. Irrtum: Das »dünne Selbstbild« ist meine wahre Natur

Die dicke Frau schreibt sich als dünne Frau Eigenschaften zu, die ich als die **3 Ks** bezeichne. Nein, mit den herkömmlichen drei Ks, die vor rund hundert Jahren Kaiser Wilhelm propagierte, haben sie nichts zu tun. Damals hießen die 3 Ks »Kinder, Küche und Kirche« und waren als Domäne der Frau definiert. Unsere drei Ks heißen hingegen: **Konfliktfreiheit**, **Kompetenz** und **Kontrolle**.

Konfliktfreiheit wünscht sich die dicke Frau in ihren Beziehungen. Da es immer, wenn Menschen unterschiedliche Meinungen, Wünsche und Ziele haben, Konflikte gibt, ist die Sehnsucht nach Konfliktfreiheit nicht zu stillen.

»Wenn ich schlank wäre, könnte ich meinen Partner um den Finger wickeln. Und meine Kinder wären stolz auf mich«, schreibt eine Frau im Fragebogen. Jede dünne Frau weiß, dass man den Partner mit Schlankheit alleine nicht gefügig machen kann und dass auch die Kinder Schlankheit als selbstverständlich ansehen.

Es fällt auf, dass dicke Frauen beim Schlanksein immer auf eine Belohnung, auf ein »Zuckerl« warten. Diese Belohnung soll dann pausenlos gegeben werden. Ist das Konfliktfreiheit, wenn ich auf Händen getragen und pausenlos bewundert werde?

Der Wunsch nach Konfliktfreiheit zeigt, dass die dicke Frau Schwierigkeiten hat, Konflikte zu bewältigen und Spannungen auszuhalten. Hier gilt es dazuzulernen! Wir haben beim dünnen Selbstbild gesehen, welche Kompetenzen sich die dicke Frau zuschreibt: Sie schafft es sozusagen, »von alleine« ihr ganzes Leben zu verändern, sich von anderen abzugrenzen, Eigeninitiative und Mut zu entwickeln. Diese Fähigkeiten fallen für den Normalsterblichen nicht vom Himmel. Er muss sie sich in jahrelanger Kleinarbeit aneignen.

Der Wunsch nach Kompetenz zeigt, dass sich die dicke Frau machtlos fühlt und nicht genug Mut, Durchsetzungskraft und Ausdauer hat. Dass sich Kompetenz »von alleine« einstellen soll, drückt den Wunsch aus, dass die Dinge leicht gehen sollten, ohne große Anstrengung.

Viele dicke Frauen haben die Illusion, dass sie mit der richtigen Figur auch ihr Leben im Griff hätten. Konkret kann dies Vieles beinhalten: eine aufgeräumte Wohnung, einen übersichtlichen Schreibtisch, gehorsame Kinder, einen kontrollierbaren Mann, nette Nachbarn oder eine Waschmaschine, die nie kaputt geht. Wer sich danach sehnt, das Schicksal zu kontrollieren, befindet sich in guter Gesellschaft. Zu allen Zeiten haben die Menschen versucht, die Götter freundlich zu stimmen oder doch zumindest zu erfahren, welche Zeitpunkte für ihre Unternehmen günstig waren.

Da wir Menschen letztlich doch alle sterben müssen und die meisten von uns Angst vor dem Tod haben, ist der Wunsch nach Macht und Kontrolle über unser Leben sehr verständlich. *Durch Diäten Macht und Kontrolle über das Leben zu erlangen muss zwangsläufig schief gehen. Es kostet nur Ihre Energie und Ihre Lebenszeit. Und es nährt eine Lebenslüge.*

DENKEN SIE DARAN:

Auch dünne Frauen müssen sterben. Letztlich haben wir alle keine Kontrolle über die wichtigsten Ereignisse in unserem Leben.

3. Irrtum: Mit der richtigen Figur könnte ich mich selbst akzeptieren

Die meisten dicken Frauen schämen sich. Sie glauben, sie schämen sich, WEIL sie zu dick sind. Sie glauben, zuerst war das Fett da, und dann kam die Scham. Bei manchen Frauen mag das so sein. Bei den meisten jedoch kommt in der Psychotherapie nach kurzer Zeit etwas anderes ans Licht: *Durch eine Serie von tief gehenden Entwertungen, denen die Frau nicht ausweichen konnte, ließ sie sich einen Schutzpanzer wachsen.*

Der Schutzpanzer Fett hat verschiedene Aufgaben, wie wir noch sehen werden, und stellt einen *Lösungsversuch* dar. Die Scham kam ursprünglich durch die Entwertung durch wichtige Bezugspersonen. Der Fettpanzer zog dann weitere Entwertungen nach sich. Nun bezogen sich die Entwertungen auf das Fett. Das ist relativ ungefährlich, denn *jetzt gilt die Entwertung dem Fett und nicht mehr der ganzen Person.*

Durch die negative Spiegelung von außen und die ursprünglichen Entwertungen fing die dicke Frau an, sich selbst zu entwerten. *Die geniale »Lösung« heißt: Ich brauche nur abzunehmen, und schon bin ich rehabilitiert.* Wenn aber eine Frau, die so denkt, immer wieder unter Essanfällen leidet und damit unbewusst dafür Sorge trägt, dass sie dick bleibt, dann muss man vermuten, dass sie *Angst vor dem Schlankwerden* hat.

Wer sich selbst akzeptieren und lieben möchte, muss sich selbst zuerst einmal kennen lernen. Dicke Frauen kennen sich nicht besonders gut, sonst würden sie nicht annehmen, dass sie, wenn sie schlank sind, »ganz anders« wären. Das Schlimmste aber ist, dass es sie auch nicht besonders interessiert, wie sie wirklich sind. Sie sagen nicht »Wenn ich schlank bin, kann ich endlich ich selbst sein«, sondern »dann wäre ich ganz anders«.

BEDENKEN SIE:
Sich selbst zu akzeptieren setzt voraus, dass man auch seine »Schwachstellen« akzeptiert. Dicke Frauen spalten sie oft ab von ihrer Person und verbinden sie mit dem Fett. Gleichzeitig ahnen sie aber, dass es mit dem Abnehmen »nicht getan« ist.

4. Irrtum: Kleine Erfolge sind keine Erfolge

Geduld und Ausdauer sind nicht die Stärken dicker Frauen. Dies hat einen tieferen Grund: Es ist die Art und Weise, wie diese Frauen ihre Erfolge definieren.

Wer beispielsweise 30 kg abnehmen möchte und dann nach zwei entbehrungsreichen Wochen gerade mal zwei Kilo abgenommen hat, kann sich sagen: »Ach, die zwei Kilo, das ist ja gar nichts. Ich muss ja noch so viel abnehmen. 28 kg! Wie soll ich das schaffen?! Und wer weiß, ob ich das danach überhaupt halten kann? Dann darf ich mich ja nie wieder satt essen! Das schaffe ich ja sowieso nicht!« Das Ergebnis ist Pessimismus, ja Hoffnungslosigkeit. Sagt sich die Frau hingegen: »Zwei Kilo, uff, die sind hart erarbeitet. Weiter so! Du schaffst es!«, dann ist diese Frau optimistisch, zuversichtlich.

Die meisten übergewichtigen Frauen sind Pessimistinnen und sehen die zwei Kilo negativ. Diese Sichtweise ist *ungeduldig, hart und immer an Endergebnissen orientiert*. Die Scham bei zwei Kilo Gewichtsverlust gilt der Abweichung vom Ist-Zustand. Die Optimistin ist stolz auf die zwei Kilo Gewichtsverlust, die Pessimistin schämt sich der 28 Plus-Kilos. *Die pessimistische dicke Frau sieht nur das Loch, aber nicht den Käse. Eine solche Einstellung nennt man misserfolgsorientiert.*

Schulkinder, die misserfolgsorientiert sind, sind nicht etwa faul oder dumm, sondern *übermotiviert*. Wer übermotiviert ist, verkrampft sich, und wer verkrampft ist, kann nicht mehr optimal denken. Hinzu kommt die ewige *Angst, etwas falsch zu machen*. Dies ist der Stoff, aus dem nicht nur Schulversager gestrickt sind.

BEDENKEN SIE:
Wer misserfolgsorientiert ist und gleichzeitig ständig Angst hat vor dem Versagen, ist in seinem Denken blockiert, und sein Versagen ist vorprogrammiert.

Was unterscheidet nun aber Optimisten von Pessimisten? Es ist die Art, wie Menschen mit Erfolgen und Misserfolgen umgehen, sagt der Psychologe Martin Seligman. Optimisten glauben, ihr Misserfolg liege an den Umständen, an Faktoren, die sich verändern lassen. Damit glauben Optimisten, dass sie beim nächsten Mal mehr Glück haben. Pessimisten hingegen sehen sich selbst als Versager und schreiben sich die Schuld an der Niederlage zu – leider aber nicht im Sinne einer Manöverkritik und einer Strategieverbesserung, sondern im Sinne einer Selbstabwertung. »Du bist eben ein Versager« ist das deprimierende und beschämende Fazit.

Optimisten reagieren auf Fehlschläge mit verstärkter Aktivität, zuversichtlicher Erwartung, einem neuen Aktionsplan für einen »neuen Anlauf«. Pessimisten sehen den Fehlschlag als persönliches Manko und glauben nicht, dass sie beim zweiten Anlauf besser abschneiden. Also unternehmen sie keinen zweiten Anlauf, sondern geben auf. Damit bringen sie sich selbst um eine eventuelle positive Erfahrung, die ihr defizitäres Selbstbild korrigieren könnte.

Übergewichtige Frauen haben meist eine Unzahl von Diäten und anderen Abnehmversuchen hinter sich. Sie haben viele Anläufe genommen, aber jede erneute Gewichtszunahme haben sie als »Versagen« eingestuft. Und damit wurde ihr negatives Selbstbild immer stärker zementiert. *Wenn Übergewichtige also irgendwann aufgeben, dann schützen sie sich damit auch vor erneutem Versagen.*

Es gibt noch einen anderen Aspekt. Versager zu sein, das kann auch etwas *Beruhigendes* haben, etwas *Ungefährliches für andere*. Ein Versager ist *keine Konkurrenz*. Das hat etwas Entspanntes.

Vielleicht käme durch »Erfolg« und »Glück« noch etwas anderes ins Spiel? Der Psychotherapeut Bernd Hellinger schreibt: »Wenn wir eine Lösung anstreben, dann weichen wir von dem ab, was bisher in unserer Familie gegolten hat, und wir fühlen uns schuldig. Deswegen gibt es Lösungen nur über Schuld, und davor schrecken die meisten zurück. Die Lösung und das Glück werden als gefährlich erlebt, denn sie machen einsam. Bei Problemen und beim Unglück dagegen ist man immer in guter Gesellschaft.«[9]

Macht das Schlankwerden also einsam und schuldig? Eine Frage in meinem Fragebogen lautete: »Gibt es Personen, die es nicht gerne sähen, wenn Sie an Gewicht verlieren würden?« Die Antworten sind aufschlussreich. Fast alle Frauen gaben an, dass vor allem »dicke Freundinnen«, manchmal auch »Mütter« und sehr oft »Kolleginnen« ein Schlankwerden eher misstrauisch beäugen würden. Seltener wurden männliche Partner (Ehemänner, Liebhaber) genannt. Warum die Freundinnen, Mütter, Kolleginnen? »Neid, weil sie es selbst nicht geschafft haben«, war die häufigste Antwort. Diese Antwort erinnert an die Klassenbesten in der Schule, die aus Angst, als Streber verschrien zu werden, absichtlich schlechtere Noten schreiben.

Kann Schlankwerden als Illoyalität ausgelegt werden? Befürchtet die übergewichtige Frau, beneidet und ausgestoßen zu werden? Würde sie als Schlanke nicht mehr »dazugehören«? Es gehört viel Mut dazu, an dieser Stelle genauer hinzuschauen.

5. Irrtum: Solange ich dick bin, kann es mir nicht gut gehen

»Weil es sich nicht lohnt«, ziehen sich dicke Frauen oftmals nicht schön an, kochen sich nichts Gutes oder gönnen sich nichts Angenehmes. »Weil ich es mir nicht wert bin« heißt das Lebensmotto.

Man gönnt sich nichts. Das hält keiner lange durch. Wenn die Askese nicht mehr auszuhalten ist, lebt die dicke und essgestörte Frau im Essanfall aus, was sie sich im Leben versagt: *Zugreifen, Gier, Großzügigkeit, Überfluss, Nahrhaftes.*

Wegen der Essanfälle schämt sich die dicke Frau und verachtet sich. Aus *Scham* und *Selbstverachtung* heraus bestraft sie sich dann mit noch strengerer Askese. Bis der Essanfall sie wieder davon erlöst. Und so weiter. Aus »Es *kann* mir nicht gut gehen« wird »Es *darf* mir nicht gut gehen«. Nun bekommt sie auch noch *Schuldgefühle*, wenn es ihr »trotzdem« mal gut geht.

Die dicke, essgestörte Frau denkt: »Ich gönne mir nichts, weil ich Essanfälle habe. Die Essanfälle kosten schließlich viel Geld und Zeit.« Auf die Idee, dass sie Essanfälle haben könnte, weil sie sich nichts gönnt, kommt sie nicht.

Die *Hoffnungslosigkeit* bewirkt, dass die davon »befallene« dicke Frau bei der ersten Schwierigkeit aufgibt, keine Ausdauer an den Tag legt und wenig Durchhaltevermögen hat.

Vielleicht steckt noch mehr dahinter? Die Psychoanalytiker nennen den »Drang zu leiden« *masochistisch*. »Masochismus wird gewöhnlich als ein Streben nach sexueller Befriedigung durch Leiden definiert. [...] Eine andere Hypothese befasst sich mit dem so genannten moralischen Masochismus, das ist die Bereitwilligkeit des ›Ich‹, Misserfolge zu akzeptieren oder Unfälle auf sich zu ziehen oder sich mit Selbstvorwürfen zu geißeln, um sich mit dem ›Über-Ich‹ (Gewissen) auszusöhnen. [...] Alles masochistische Begehren ist letzten Endes auf Befriedigung gerichtet, nämlich auf das Ziel des Vergessens. [...] Da ist die Tendenz, sich so unbedeutend wie nur möglich zu machen. Meist ist sich der Betreffende dessen gar nicht bewusst, sondern nur des Ergebnisses, das in dem Gefühl besteht, nicht anziehend, unbedeutend, untüchtig, dumm und wertlos zu sein. [...] Der Masochist reagiert mit einem hilflosen *Ich kann nicht* [...]. [Er] möchte sich unbemerkbar machen und sich in eine Ecke verkriechen.«[10]

Diese Beschreibung trifft meiner Erfahrung nach auf sehr viele dicke, pseudo-dicke, und auch dünne essgestörte Frauen zu. Am stärksten ausgeprägt ist dieses Phänomen nach dem Essanfall. Jetzt ist die Neigung zur *Selbstverdammung* und auch zur *Selbstbestrafung* und *Hoffnungslosigkeit* am größten.

Natürlich leiden nicht alle dicken Frauen unter Masochismus. Und ich möchte Ihnen keineswegs ein psychologisches Konzept überstülpen, sondern Sie lediglich dazu anregen, in verschiedene Richtungen mitzudenken, Ihr eigenes Verhalten zu beobachten und selbstverantwortlich Veränderungen in Ihrer Lebensführung einzuleiten. Das gelingt Ihnen nur, wenn Sie sich selbst gut kennen.

Eine 48-jährige Krankenschwester brachte noch einen anderen wichtigen Aspekt des Leidens ein:

»In meiner Familie hat Leiden einen hohen Stellenwert. Mein Vater kam krank aus dem Krieg zurück. Auf ihn musste immer Rücksicht genommen werden. Da er äußerst geräuschempfindlich war, durften wir Kinder nur sehr verhalten spielen. Immer mussten wir leise sein, immer gebremst. Die Atmosphäre bei uns zu Hause war eigentlich von wenigen guten Momenten abgesehen immer niedergedrückt, pessimistisch und düster. Ich habe mir dann innerlich meine Phantasiewelt geschaffen, dachte mir kleine Geschichten und Personen aus. Dann wurde meine Mutter auch noch krank. Sie bekam Arthritis in den Knien. Nun fing sie auch noch ständig an zu jammern. Irgendwann merkte ich, dass ich als ältestes Kind jetzt alle zu versorgen hatte. In dieser Zeit wurde ich immer dicker. Wer kümmerte sich um mich? Keiner. Das Essen füllte meine Batterie wieder auf.

Aus diesem Lebensmotto ›*Dir* geht es doch gut, also musst *du* dich kümmern!‹ heraus bin ich dann auch Krankenschwester geworden. Warum eigentlich, frage ich mich heute, muss ich immer die Pflegerin sein? Auch ich bin *bedürftig*, verdammt nochmal! *Aber wer kümmert sich denn eigentlich um MICH?*«

VI Dicke Polster für harte Zeiten

Wenn alte Wunden noch bluten

Als Petra S. zwei Jahre alt war, ließen sich ihre Eltern scheiden. Damit verschwand der Vater vollkommen aus Petras Leben. Schlimmer noch: Er durfte zu Hause auch nicht mehr erwähnt werden. Mutter und Großmutter erklärten ihn zur Unperson. Basta.

Zwei Jahre später – Petra war nun vier – heiratete die Mutter erneut. Der Stiefvater sorgte zwar gut für die kleine Familie, hatte aber so seine Macken. Er war Fußballer und Autonarr, und das Wochenende gehörte seinem Club und seiner Luxuskarosse, die gewienert und gepflegt wurde.

Petras Mutter war frustriert. Sie schimpfte, jammerte und klagte. Der Vater änderte sich nicht. Petra war Mutters Klagemauer. Mit fünf Jahren *wusste sie schon die Mutter zu trösten.* Mutter und Tochter verbrachten viele Sonntagnachmittage mit Spaziergängen, auf Spielplätzen, in Cafés und bei Petras Großeltern. Die Mutter war immer unzufrieden, die Stimmung gedrückt. Kam der Stiefvater dann endlich nach Hause, hatte die Mutter Petra vergessen. Sie war nun nicht mehr interessant und musste rasch ins Bett.

»Dieses Gefühl hat sich bei mir tief eingegraben: *erst benutzt und dann abserviert zu werden.*« Man merkt Petra ihre Entrüstung heute noch an. »Kaum war der Vater in Sicht, war sie [die Mutter] nur noch Auge und Ohr für ihn. Sie machte sich in meinen Augen zum Affen für ihn. Meine Großmutter, die ich sonst sehr schätze, bestärkte sie noch darin. Sie meinte, ihre Tochter könne sich glücklich schätzen, dass sie als geschiedene Frau mit Kind noch so einen treu sorgenden Mann abbekommen habe. Hans, mein Stiefvater, war immer der König. Alles, was er machte, war bewundernswert. Er wurde in der Runde als Erster bedient, sprach am meisten und hatte natürlich immer Recht.

Ich hingegen, als das Kind dieses Menschen, den man totschweigen ›musste‹, hatte nur dann einen Wert, wenn ich vorzeigbar, sprich: schön angezogen war und mich zu benehmen wusste. Das hieß konkret: Ich durfte mich an den Tisch setzen, nett lächeln und meinen Teller brav leer essen. Da es in meiner Familie keine Kinder außer mir gab, war mir immer stinklangweilig. Ich fühlte mich wie ein Sofakissen, und da ich mich auch so passiv wie ein Sofakissen benahm, vergaßen die Erwachsenen oft, dass ich anwesend war.

Nur so kann ich mir erklären, dass sie sich manchmal in meiner Gegenwart über Themen unterhielten, die mit Sicherheit nicht für meine Ohren bestimmt waren. Ich fühlte mich zwar *ausgeschlossen und kaltgestellt*, hatte aber auch viel Zeit, die Großen zu beobachten. Ihre Gestik, ihre Mimik und die Wertungen, die sie abgaben über andere Menschen. Es gab viele Worte, die ich zwar nicht verstand, die ich mir aber trotzdem merkte. Mir wurde rasch klar, dass mit dem ›Gauner‹ und mit ›du weißt ja, wen ich meine‹ mein Vater gemeint war. Das gab mir jedesmal einen Stich ins Herz. Wenn mein Vater ein Unmensch war, dann war ich als seine Tochter ebenfalls ein halber Unmensch. Dafür *schämte* ich mich.

Und dann wurde der Kronprinz geboren.

Die Schwangerschaft meiner Mutter hatte ich nicht mitbekommen. Keiner klärte mich auf, keiner erklärte mir irgendetwas. Irgendwann hieß es, die Mutti wurde vom Storch ins Bein gebissen und nun liegt sie im Krankenhaus. Und – das Allerwichtigste – der Storch hat ihr ein Kind gebracht. Ein Brüderchen für mich. Es sollte Konrad heißen. Natürlich freute ich mich riesig.

Bald schwand allerdings meine anfängliche Begeisterung. Mutter und Stiefvater tanzten jetzt ums goldene Kalb. Nur noch das Baby zählte. Hatte mein Stiefvater mich früher auch mal mitgenommen und sich mit mir beschäftigt, so wurde dies im Laufe der Jahre immer weniger. Auch meine Mutter hatte immer weniger Zeit für mich. Nur wenn ich ihr im Haushalt half, konnte ich ihre Zuwendung bekommen. Und auch diese Zuwendung war meist nur Gejammer über die ›beiden Männer‹ mit ihren Ansprüchen.

Innerlich wurde ich zunehmend einsamer. Inzwischen verbrachte ich immer mehr Zeit mit einer Tüte Chips vor dem Fernseher. *Ich wollte gar nicht mehr nachdenken, ich wollte mich zumachen.«*

Wenn wir Petras Geschichte bis zu diesem Zeitpunkt betrachten, dann wird uns klar, dass die Scham, der soziale Rückzug und das Gefühl des Ausgeschlossenwerdens nicht nur mit ihrem Gewicht zu tun haben. Scham, Rückzug und Isolation wurden bereits in Petras Kindheit programmiert. Petras Geschichte zeigt, wie Eltern – oft nicht in böser Absicht, sondern gedankenlos – verletzen, kränken und einem Kind das Gefühl geben, dass es überzählig und wertlos ist. *Leider glaubt ein Kind irgendwann selbst, dass es überzählig und wertlos ist, und aus der Fremdverletzung wird eine Selbstverletzung.*

Petra konnte nicht glauben, dass sie um ihrer selbst willen geliebt werden könnte. Der Vater hatte sie verlassen, die Mutter hatte sie oft als Lückenbüßerin und seelischen Mülleimer missbraucht, und der Stiefvater war zu nichts verpflichtet und hatte – aus Petras Sicht – mit ihrer Mutter eine neue Familie gegründet. Petra war draußen.

Ein Kind wie Petra hat keine Rückendeckung. Es bekommt Angst vor dem Leben. Es ist verständlich, dass sich ein Kind wie Petra eine eigene »heile Welt« schafft mit Hilfe des Essens und des Fernsehens. Zu Petras Urerfahrung der tiefen Verletzungen und Kränkungen kamen mit der Pubertät neue Verletzungen, Kränkungen – aber auch neue Chancen.

Wenn das Leben geballt kommt

»Irgendwann hatten die Klassenkameradinnen die ersten Freunde. Da war ich *bereits zu dick, um attraktiv zu wirken*. Glaubte ich jedenfalls. Wenn ich die Fotos aus jener Zeit betrachte, finde ich mich zwar nicht gertenschlank, aber bestimmt nicht dick. Heute denke ich eher, dass ich damals höllische *Angst vor Jungs und vor ›Beziehungen‹* hatte. Mit Recht, wie sich bald herausstellen sollte. Ich hatte nämlich den Hang, mich immer in die *falschen Jungs* zu verlieben. Immer in solche, die auf einen ganz anderen Mädchentyp standen.

In der Zeit zwischen vierzehn und zwanzig folgte eine *Enttäuschung* der anderen. Ich war endlos oft verliebt. Die Jungs entweder überhaupt nicht oder in eine andere, oder sie verließen mich rasch, da ›sie sich eigentlich nun doch nicht fest binden wollten‹. Das Ergebnis war immer das gleiche: *Ich liebte ins Leere.*

Zum Glück hatte ich eine dicke Freundin, der es genauso ging. Wir kamen zu dem Schluss, dass wir beide eben *zu dick und zu hässlich für eine Beziehung* waren. Diese Schlussfolgerung führte dazu, dass wir beide immer dicker wurden.

Mit sechzehn ging ich vom Gymnasium ab, da mein Stiefvater meinte, ich solle eine Lehre machen und rasch mein eigenes Geld verdienen. Natürlich wollte König Hans nicht dem Kind eines anderen das Abitur ermöglichen und erst recht kein Studium. Ich fügte mich und fand eine Lehrstelle als Industriekauffrau. Inzwischen wog ich 80 kg. An meinem Arbeitsplatz galt ich bald als der

›Mops‹. Jeder hatte Abmagerungstipps für mich. Ich war der gute Kumpel. Dies gefiel mir, weil es entspannt war, aber mir fehlte auch etwas.

Mit neunzehn war meine Lehre zu Ende. Mein Betrieb baute zu dieser Zeit eine Zweigstelle in Großbritannien auf und bot mir einen längeren Auslandsaufenthalt an. Ich sagte sofort zu. Meine Eltern waren entsetzt. Sie machten mir heftige Vorwürfe, weil ich sie verlassen wollte. Das hielt ich nicht durch. Ich bekam starke Schuldgefühle. Am nächsten Tag sagte ich daher ab. Und ich wusste sofort, dass dies ein Fehler gewesen war. *Eine Möglichkeit, mich zu entfalten und selbstständig zu werden, war vertan.*

Wenigstens schaffte ich einen Stellenwechsel. Ich ging zu einer kleinen Import-Export-Firma. Hier war ich die Königin. Ich durfte völlig selbstständig arbeiten und war glücklich. Mein Chef glaubte an mich. So konnte ich über mich selbst hinauswachsen. Am allermeisten staunte ich über meine *Kompetenz*. Ich war für alles zuständig und konnte auch alles. Es war eine schöne Zeit.

Mit 21 Jahren verliebte ich mich wieder. Diesmal wurde meine Liebe erwidert. Mein Liebhaber hieß Enrico, und seine Eltern besaßen ein italienisches Eiscafé. Enrico kam aus einer Familie, die so ganz anders war als meine. Laut, herzlich, offen, lustig und endlos debattierend! Ich fühlte mich so wohl. Dort konnte ich so sein, wie ich war. Leider wusste ich gar nicht, wie ich ›war‹. In dieser italienischen Familie wurde ›emigrantisch‹ gesprochen, deutsch und italienisch gemischt. Enricos Familie bezog mich sofort in alles ein. Ich gehörte von Anfang an dazu. Als ich immer häufiger bei Enrico war, wurde mein Stiefvater gemein. Er meinte, diese Italiener nutzten mich nur aus, Enrico sexuell und die Familie als billige Arbeitskraft im Eiscafé. Darüber konnte ich nur lachen.

Enrico und ich verlobten uns. Ich zog mit ihm in eine eigene Wohnung. In dieser Zeit nahm ich ab wie ein Abreißkalender. Irgendwann wog ich 58 kg, was bei meiner Größe von 1,68 m ein perfektes Gewicht ist. Enrico begehrte mich sexuell, er betete mich an, machte mir Komplimente und hatte einen göttlichen

Humor. *Durch seine Liebe und Akzeptanz war ich eine andere Frau geworden: strahlend, fröhlich, unbeschwert.* Ich fand mich schön und in Ordnung. Die Distanz zu meinen Eltern tat mir noch weh, aber Enricos Familie füllte diese Lücke.

Dann kam der schwärzeste Tag in meinem Leben. Es war ein heißer 17. Juli, drei Tage nach meinem 24. Geburtstag. Enrico musste mit dem Lieferwagen für sein Geschäft nach Frankfurt fahren. Auf der Autobahn gab es eine Massenkarambolage. Vor Enrico machte ein LKW eine Vollbremsung, und Enrico kam nicht rechtzeitig zum Stehen ...«

Tränen laufen Petra übers Gesicht. Sie versucht vergeblich, sich zu beherrschen. Schließlich schluchzt sie hemmungslos. Unter Tränen presst sie heraus, dass Enrico zwar noch schwerverletzt ins nächste Krankenhaus eingeliefert wurde, aber am selben Abend verstarb.

An diesem Tag zog sich Petras Seele wieder in ihr Schneckenhaus zurück. Die nächsten Wochen erlebte sie wie in Trance. Enrico wurde im Schoße seiner Sippe in Italien begraben.

Petra nahm sich eine kleinere Wohnung. Ihr Freundeskreis, die italienische Familie und ihr Arbeitsplatz gaben ihr den nötigen Halt.

»Ich habe Enrico niemals vergessen können. Einen Mann wie ihn gibt es kein zweites Mal. Unsere Beziehung war natürlich noch im Werbestadium, und wir hätten bestimmt auch unsere Probleme gehabt«, räumt Petra ein, »aber Enrico hat mir gezeigt, dass man über alles reden und sogar lachen kann. Das habe ich ja von zu Hause nicht gekannt.

Das erste Jahr nach Enricos Tod war ich viel bei seiner Familie. Aber natürlich war es nicht mehr so wie früher. Vorher war ich ›Enricos Frau‹, jetzt wurde ich mehr und mehr die ›Deutsche‹. Ich hatte den Eindruck, dass die beiden ›Schwägerinnen‹ gegen mich intrigierten. Langsam zog ich mich von Enricos Familie zurück, was mir sehr wehgetan hat.

Meine eigene Familie wurde mir immer fremder. Auf meinen Bruder Konrad bin ich unglaublich eifersüchtig. Er durfte nicht nur Abitur machen, er darf ganz selbstverständlich auch studieren. Mein Stiefvater hat ihm zum Abitur ein Auto geschenkt.«

Petra schluckt, und die Tränen kullern ihr wieder übers Gesicht. Die alten Wunden bluten wieder.

»Mein Stiefvater ist auf alles stolz, was sein so heiß geliebter Sohn macht, und das Schlimmste ist: meine Mutter auch. Konrad hinten und Konrad vorne. Und die doofe Petra ist ja nur Tippse. Naja, bei *dem* Vater!« Petras Ton kippt ab in Bitterkeit. Dann fasst sie sich wieder.

»Bei meiner Familie zeigte ich mich in dieser Zeit nur noch selten. Zum Glück fand ich meine alte beste Freundin Birte wieder. Wir gingen zusammen viel weg. Sie war immer noch dick, aber immer gut drauf. Auch ich wurde langsam wieder dicker. Aus Einsamkeit aß ich mehr, als mir gut tat.

Eineinhalb Jahre nach Enricos Tod lernte ich dann in einer Kneipe Harald kennen. Er war anfangs überhaupt nicht mein Typ, so groß und blond. Ich stand mehr auf dunkle Männer. Harald spielte Barkeeper in meiner Stammkneipe. Er studierte damals noch und musste Geld verdienen.

Wir kannten uns schon vier Monate, bevor es bei mir funkte. Birte hatte mir schon die ganze Zeit erzählt, dass Harald auf mich stehe, aber ich hatte es nicht geglaubt. Ich brauchte nach Enrico einfach Zeit zum Trauern.

Dann ging mit Harald alles recht schnell. Ich wog damals 75 kg und fand mich entschieden zu dick. Deshalb genierte ich mich vor Harald und schob den Sex mit ihm immer wieder hinaus. Angenehm fand ich, dass er mich nicht bedrängte. Das sah ich damals als sehr positiv.

Der erste Sex fand dann im Dunkeln statt. Es war nicht berauschend und berührte mich kaum. Ich dachte mir: Sex ist doch nicht so wichtig, Hauptsache wir verstehen uns. Als Harald allerdings erst nach sechs Wochen wieder Anstalten machte, mit mir zu schlafen, war ich etwas alarmiert und frustriert. *Ich dachte mir sofort, dass ich ihm zu dick bin und er mich deswegen nicht so sexy findet.* Trotzdem hatte sich unsere Beziehung in der Zwischenzeit gefestigt. Harald kam dann ins Staatsexamen und hatte keine Zeit mehr, in der Kneipe zu jobben. Er zog in meine Wohnung. Ich ernährte uns beide, was mir nichts ausmachte.

Leider wurde ich immer dicker. Bald wog ich 78 und schließlich 80 kg. Das allabendliche Kochen tat mir nicht gut. Auch stopfte ich viel Wut hinunter, denn Harald erwartete von mir in der Prüfungszeit Rundumservice.

Als Harald sein Examen bestanden hatte, wurde ich schwanger. Nachdem wir uns darüber geeinigt hatten, dass wir das Kind behalten wollten, heirateten wir schnell. Meine Eltern waren über den Herrn Schwiegersohn hocherfreut. Harald hat einen guten Beruf und ist zuverlässig.«

Petra hatte die letzten Passagen recht monoton erzählt. So, als wäre sie innerlich nicht richtig dabei. Als ich sie darauf aufmerksam mache, stutzt sie. Während sie von Enrico erzählte, hatte ihr Gesicht richtig gelebt. Jetzt sieht es gleichgültig aus. Petra kann mit meinem Hinweis nichts anfangen. Schade.

»Für meine Eltern habe ich ja einen Makel, weil ich zu dick bin und wegen meines Erzeugers. Harald, der gutaussehende Jurist, hat mich in ihren Augen rehabilitiert. Und natürlich unsere Tochter Melanie, die meine Eltern über alles lieben.« Petra sieht mich an, als ob sie durch mich hindurchschaute. »Nein, eigentlich hat mich Harald nicht rehabilitiert«, fährt Petra dann fort. »Jetzt erwarten alle, dass ich wie meine Mutter darauf bedacht sein muss, es diesem ›tollen Mann‹ recht zu machen. Und das erfüllt mich mit blankem Hass.«

Jetzt funkeln Petras Augen wieder. Die alten Kränkungen wirken auch nach all den Jahren.

»Dann müssten Sie jetzt nur ein bisschen abnehmen, um Harald zu ›halten‹«, scherze ich. In Petra arbeitet es.

»Wenn ich abnehme, dann nicht, weil ich meinen Eltern diesen Gefallen tun möchte, sondern weil ich selbst befürchte, Harald zu verlieren«, meint Petra. »Ich habe Enrico verloren, und *einen solchen Verlust würde ich kein zweites Mal verkraften.*«

Da wird mir klar, dass Petra bereits die Notbremse gezogen hat.

Die vier schlimmsten Kränkungen

Petras Geschichte zeigt deutlich, wie alte Kränkungen aus der Kindheit ihre Erinnerungsspuren hinterlassen. Das Weggehen des Vaters, die Tatsache, dass er sich nie um Petra kümmerte, wurde von Petra als *Verrat* empfunden. Dass der Vater von der Familie zur Unperson erklärt und verschwiegen wurde, war die zweite tiefe Kränkung. Abwertung des Vaters ist gleichbedeutend mit *Abwertung* des Kindes, da es ein Teil von ihm ist.

Von der Mutter fühlte sich Petra als Seelentrösterin benutzt, sodass sie als Kind für die Mutter eine Art Mutterfunktion *(Parentifizierung)* hatte. Gleichzeitig wurde Petra *kaltgestellt und ausgeschlossen*, wenn der Stiefvater auftauchte, den die Mutter pausenlos bedienen und beschwichtigen musste. Petra bekam früh zu spüren, dass ihre *kindlichen Bedürfnisse lästig* waren. Sie wurde vernünftig, selbstständig und nützlich für andere.

Als der Bruder, den sie selbst als Kronprinz bezeichnet, geboren wird, rückt Petra noch weiter nach hinten. Nun sind zwei Männer zu versorgen. Petra wird zu Mutters kleinem *Lakaien*, der möglichst keine eigenen Wünsche anzumelden hat. Damit ist allerdings jedes Kind völlig überfordert. Das Essen wird Petras Trost.

Wir sollten davon abkommen, das Frustessen immer nur als *Problem* anzusehen. Hätte Petra das Essen in ihrer Kindheit nicht als Trost gehabt, dann wären möglicherweise noch schlimmere Schäden entstanden. *Das Essen gab ihr Geborgenheit, Trost, Wärme und eine kleine Auszeit.* Das Essen und später das In-sich-Hineinstopfen halfen Petras Seele zu überleben und sich zu verstecken in einer Zeit, als sie abhängig und schwach war. Und als sie niemanden hatte, der sie getröstet und verstanden hätte. Petra hat ein klares *Bemutterungsdefizit*.

Ich wollte wissen, welche alten Kränkungen in der Kindheit anderer übergewichtiger Frauen stattgefunden hatten. Die Auswertung des Fragebogens (ausgefüllt von 20 Frauen) und das Studium von etwa 50 Akten ergab folgendes Bild:

> Fast die Hälfte der Frauen wuchs ohne Vater auf! Er war entweder gestorben, hatte sich nach der Scheidung rar gemacht oder die Mutter verlassen – **(Verlassenwerden)**

> Mangels eines Partners wurden gerade die vaterlosen Frauen von ihren Müttern als Schulter zum Anlehnen missbraucht – **(Parentifizierung)**

> Bei den Frauen, die in ihrer Kindheit einen Vater hatten, war dieser oft brutal. Er schlug die Kinder, war streng und sehr leistungsorientiert. Die Frauen waren den Vätern hilflos ausgeliefert, da ihre Mütter ihnen zu wenig Schutz boten – **(Schutzlosigkeit)**

> Unberechenbarkeit war außerdem bei den Frauen im Spiel, deren Väter zu viel tranken. Sie konnten sich nicht nur auf nichts verlassen, sondern mussten auch ständig mit unmotivierten Gewaltausbrüchen rechnen – **(Machtlosigkeit, Hilflosigkeit)**

- Frauen, deren Eltern beide voll berufstätig waren, hatten das Gefühl, dass sie zu Großmüttern oder Tanten abgeschoben wurden. Dort wurden sie manchmal wie »Stiefkinder« behandelt und warteten sehnsüchtig, dass die Eltern sie endlich abholten. Aber zu Hause waren die Eltern müde und hatten noch Hausarbeit zu leisten. Diese Kinder lernten, dass ihre Eltern sich nicht für ihre Gedanken, Probleme und Bedürfnisse interessierten – **(Gleichgültigkeit)**

- Manche Frauen (etwa ein Drittel) litten unter dem Dauerstreit ihrer Eltern. Oft wurden sie von einem Elternteil genötigt, Partei zu ergreifen. Sie fühlten sich nicht nur dem »feindlichen« Elternteil gegenüber schuldig, sondern fühlten sich auch missbraucht – **(Manipulation)**

- Ungefähr die Hälfte der Frauen hatte in der Kindheit keinen, der zu ihnen hielt oder sie schützte. Sie verstummten irgendwann und machten ihre Probleme mit sich selbst aus – **(Vernachlässigung)**

DIE SCHLIMMSTEN KRÄNKUNGEN LASSEN SICH ZUSAMMENFASSEN ALS:

- **Verlassen werden**
- **Verraten werden**
- **Ausgeschlossen werden**
- **Zurückgewiesen werden**

Wie kann ein Kind, das weder weglaufen noch sich wehren kann, mit derart massiven Verletzungen fertig werden?

Bluffen, panzern und tarnen

Wenn ein Tier in freier Wildbahn zu langsam ist, um bei Gefahr wegzulaufen, und zu schwach, um anzugreifen, dann entwickelt es im Laufe der Evolution Tricks, um nicht gefressen zu werden. Igel rollen sich zu einer stacheligen Kugel zusammen und sind somit gepanzert und abschreckend. Eidechsen und Schlangen passen sich durch perfekte Tarnzeichnung dem Untergrund an. Chamäleons können sich sogar selbsttätig dem jeweiligen Untergrund farblich anpassen. Katzen stellen ihre Rückenhaare auf, zeigen ihre Breitseite und stellen den Schwanz auf, um dem Gegner Masse vorzutäuschen. Kugelfische blasen sich zur riesigen Stachelkugel auf. Pfauen zeigen dem Gegner durch ihr Gefieder ein großes »gefährliches Auge«.

Das Prinzip ist einfach: Wenn es geht, versucht das Tier, *sich unsichtbar zu machen*, um jedem Ärger aus dem Weg zu gehen (verstecken). Gelingt dies nicht, versucht es, *Stärke, Masse oder Panzerung* zu zeigen, die den Gegner in die Flucht schlagen sollen (bluffen und abwehren). Manche Tiere *stellen sich auch tot*, wohl um uninteressant zu sein. Wenn der Gegner trotzdem angreift, muss allerdings gekämpft werden.

Ein Kind, das fortgesetzten Kränkungen und Verletzungen ausgesetzt ist und nicht ausweichen kann, hat ebenfalls mehrere Möglichkeiten, mit Kränkungen und Bedrohungen umzugehen. – Was machten die Mädchen, aus denen später dicke Frauen wurden?

Als ich die Frauen im Fragebogen aufforderte, ein Bild mit dem Titel »Mein Fett und ich« zu malen, malten 15 von 20 Frauen sich sehr ähnlich. Das Fett stellten sie als eine amorphe Masse dar, in deren Mitte sie selbst als dünne Frau geschützt waren. Bei einigen Frauen schaute der Kopf aus dieser Masse heraus, bei den meisten allerdings nicht. Sie waren *»lebendig begraben«*.

Die große *Masse gibt Halt, Schutz und puffert* Rempler von außen effektiv ab. Außerdem verbessert viel Masse die *Bodenhaftung*. Die dicke Frau *nimmt Raum ein*, sie hat optisch Gewicht. Der große Umfang *wirkt bedrohlich und schreckt ab*. Wen soll er abschrecken? Jene natürlich, die einen verletzen können. So verletzen können, dass das Selbstbild, die Selbstachtung und das Selbstwertgefühl aus den Fugen geraten. »Es sind die Männer, die mein Fett abschrecken soll«, sagt manche übergewichtige Frau spontan. Tatsächlich sehen übergewichtige Frauen auch oft schwanger aus. Eine »vorgetäuschte« Schwangerschaft signalisiert den »suchenden« Männern, dass das Terrain schon besetzt ist, im Sinn von: *Hier gibt es nichts mehr zu schwängern!*

Wäre der Umfang durch Muskelmasse zustande gekommen wie beispielsweise bei einem Sumo-Ringer, dann wäre die dicke Frau enorm *stark*. Sie könnte, mit einer gehörigen Dosis Wut ausgestattet, alles kurz und klein schlagen. Sie wäre zum Fürchten.

Das Fett ist natürlich auch *Abstandshalter*. Die dicken Frauen hatten sich immer alleine in diesen Fettkokon gestellt. Andere Menschen sind draußen und durch die gezeichnete Masse außen herum auch ziemlich weit entfernt.

Einige Male wurde das *Fett als Gefängnis* gezeichnet. *Es hält die Frau fest*, auf der Stelle. Sie kann nicht entkommen. Auch das Fett als Schutzmantel macht die Frau weniger beweglich.

Interessant ist, dass das Fett, das die Frau urspünglich in einer unausweichlichen Situation geschützt hat, sie nun festhält. *Das Fett, das ursprünglich eine Notlösung darstellte, ist selbst zum Problem geworden* ganz im Sinne von Goethes Zauberlehrling: »Die ich rief, die Geister, werd' ich nun nicht los.«

Interessant ist auch, dass die im Gefängnis oder in der Fettmasse gezeichnete kleine Frau immer schlank ist. Tatsächlich sagen übergewichtige Frauen oft von sich selbst: Das bin nicht ich. Wenn ich in den Spiegel schaue oder mich in einer Schaufensterscheibe sehe, dann erschrecke ich erst einmal und brauche zwei Sekunden, bis ich mich erkenne.

Im Tierreich wird durch Bluffen etwas vorgetäuscht, was in Wirklichkeit nicht in diesem Ausmaß vorhanden ist. Auf das Fett übertragen heißt das: Das Fett täuscht Gewicht im Sinne von »Gewichtigkeit«, »Bedeutung« vor. Es vermittelt den Eindruck von Bodenständigkeit, Muskelkraft, raumsprengender Präsenz.

Und dann müssen wir fragen: Hat die dicke Frau in ihrem Lebenszusammenhang zu wenig Raum, zu wenig Gewicht und Bedeutung? Warum braucht sie das Fett, um sich die Leute, die Männer oder wen auch immer vom Halse zu halten?

Die Tiere, die keinen Panzer und keine Tarnung haben, laufen schnell weg oder sie beißen und kratzen, wenn sie angegriffen werden. Sie sind dafür von der Natur ausgerüstet.

Die erwachsene, übergewichtige Frau ist kein abhängiges, hilfloses Kind mehr. Sie könnte fliehen. Rein theoretisch jedenfalls. »Um mich meiner Fetthülle zu entledigen«, schrieb eine stark übergewichtige Frau, »müsste ich *mich freisprengen*. Dazu fehlt mir die Kraft.« Wozu genau fehlt ihr die Kraft? Für den Sprengvorgang oder dass sie hinterher schutzlos dasteht? »Für beides«, würde die dicke Frau sagen.

Wenn die Gewichtskurve Bocksprünge macht

Es gibt Frauen, die haben sich von ihrem Panzer »freigesprengt«. Nicht nur einmal, mehrmals. Der Begriff »freisprengen« suggeriert eine blitzartige Lösung – und die gibt es beim Abnehmen nie.

Wenn Sie selbst Ihre Lebensgewichtskurve kennen lernen möchten, dann nehmen Sie ein Blatt kariertes Papier im Querformat. Dort zeichnen Sie am unteren Rand eine waagerechte X-Achse und am linken Rand eine dazu senkrecht stehende Y-Achse ein. Auf der X-Achse tragen Sie in gleichen Kästchenabständen Striche ein, für jedes Lebensjahr einen. Von der Zeit, in der Sie ausgewachsen waren (etwa sechzehn), bis heute. Auf die Y-Achse kommen die Kilos. Fangen Sie bei ungefähr 50 kg an, und gehen Sie bis zu Ihrem Höchstgewicht.

Dann tragen Sie alle noch bekannten oder auch geschätzten Gewichtsmarken an den Schnittstellen mit den jeweiligen Lebensaltern ein. Am Ende sind dann sämtliche Gewichtsmarken über das ganze Blatt oder nur über bestimmte Bereiche des Blattes verteilt. Diese Marken verbinden Sie nun chronologisch mit einer roten Linie.

Erinnern Sie sich, was in Ihrem Leben jeweils geschehen war, als Sie Höchst- oder Tiefstgewichte auf die Waage brachten? Schreiben Sie die Ereignisse in die Kurve. Danach schauen Sie einmal, was in Ihrem Leben passierte, wenn die Kurve anstieg. Und wenn die Kurve wieder fiel.

Am besten fragen Sie eine Freundin, ob sie mitmacht. Zu zweit entdeckt man garantiert mehr.

Schauen wir uns nun 18 Kurven aus meinen Fragebögen an (zwei Frauen füllten die Gewichtskurve leider nicht aus). Was ist es, das den Gewichtskurven ihre Auf- und Abschwünge beschert? Beginnen wir bei den Gründen für eine Gewichtszunahme.

Die häufigsten Gewichtszunahmen in Frauenleben machen natürlich die *Schwangerschaften* aus. Während schlanke Frauen nach der Geburt ihrer Kinder rasch ihr altes Gewicht wieder haben und in der Stillzeit noch abnehmen, kann man bei dicken Frauen häufig das Gegenteil beobachten. Sie nehmen schon in der Schwangerschaft unverhältnismäßig viel zu. Manche sagen sich, dass man unter der weiten Schwangerschaftsmode ein paar Kilo mehr nicht sieht und sie deswegen jetzt hemmungslos essen »dürfen«. Diese Frauen schaffen es dann auch, sogar in der Stillzeit zuzunehmen.

Viele dünne Frauen geben das Stillen hingegen auf, weil sie es gar nicht schaffen, so viel zu essen, dass sie ihr Gewicht halten können. Wenn sie dann nach ein paar Monaten völlig ausgemergelt sind und die acht Brote, die sie zum Abendessen verzehren »müssten«, sie anekeln, sind sie heilfroh, dass sie abstillen können.

Ganz anders bei vielen dicken Frauen. Ihr Körper arbeitet anders. Diskutiert wird, ob dicke Frauen einen anderen *Insulinstoff-*

wechsel haben. Das Hormon Insulin wird in der Bauchspeicheldrüse hergestellt und ist dafür zuständig, den im Blut kreisenden Zucker an die richtigen Stellen zu befördern. Allerdings ist Insulin auch für den Aufbau der Fettdepots verantwortlich. Ist der Insulinspiegel hoch, greift sich das viele Insulin rasch den verfügbaren Zucker und steckt ihn in die Pölsterchen. Dort wird er gebunkert, und der Betroffene bekommt schnell wieder ein Hungergefühl. Zuckerhaltige Lebensmittel unterstützen diesen unerwünschten Vorgang.

Wenn Sie den Verdacht haben, dass Ihr Insulinspiegel zu hoch ist (Symptome: Heißhunger, häufige Unterzuckerung mit Zittern, Schwindel, Kopfschmerzen), dann lassen Sie ihn von Ihrem Arzt bestimmen.

Der häufigste psychische Grund, weshalb Gewichtskurven nach oben schnellten, war das Erlebnis der Trennung und des Verlassenwerdens. *Trennung und Verlassenwerden waren auch die schlimmsten Kränkungen gewesen.* An zweiter Stelle standen Todesfälle. Wenn Eltern oder geliebte Großeltern sterben, wird dies häufig wie ein Verlassenwerden gewertet. Auch der Auszug aus dem Elternhaus, ein Umzug in eine unbekannte Stadt und ein Arbeitsplatzwechsel machten auf der Gewichtskurve öfter Ausbuchtungen nach oben. Diese Ereignisse sind mit vorübergehender *Einsamkeit* oder auch *Isolation* verbunden.

Dann gibt es noch die subtileren psychischen Gründe für Gewichtszunahmen. Manche Frauen nahmen vor Prüfungen an Gewicht zu. Manche generell bei Leistungsdruck. Manche Frauen nahmen zu, als sie einen Job annahmen, in dem sie *kaum noch Zeit für sich selbst* hatten. Hier war allgemein der *Druck zu funktionieren* der Auslöser für mehr Gewicht. Auch *Entscheidungsdruck* kann das Fett vermehren. Es scheint so zu sein, dass psychischer Druck von innen und von außen die Fettschicht verdickt. Genau wie die Wand einer Druckkammer ist die Funktion des Fettes wohl das Standhalten, das Bieten von Widerstand. Interessant!

Die Einbrüche auf der Gewichtskurve sind schnell aufgezählt. Schließen wir einmal Krankheiten, Diäten und das Aufnehmen eines regelmäßigen körperlichen Trainings aus, dann gibt es eigentlich nur zwei Zustände, die mit dem Dünnerwerden verbunden wurden: ein *aktives Sozialleben* und *akute Verliebtheit*.

VII Immer die falschen Männer?

Männer sind anders ...

Gott sprach zu Adam: »Ich habe eine gute und eine schlechte Nachricht für dich. Die gute Nachricht ist: Du bekommst ein Gehirn und dazu noch einen Penis. Die schlechte Nachricht ist: Dein Blut reicht nur aus, um jeweils eines davon zu benutzen.«

Beim Verliebtsein werden im Körper Unmengen an Endorphinen (körpereigene Opiate) ausgeschüttet. Sie wirken appetitzügelnd, machen fröhlich und versorgen einen mit einer Extraportion Energie. Deshalb braucht man dann kaum noch etwas zu essen, kann die Nächte durchmachen und am nächsten Tag noch gut gelaunt arbeiten gehen. Es ist ein Ausnahmezustand der Natur, der nicht auf Dauer angelegt ist. Dafür wäre dieser Zustand zu anstrengend und zu zehrend.

Tiere kennen diesen Zustand auch. Dort heißt er Brunst, Balzen oder »in Hitze sein«. Wer schon einmal ein Tier in der Brunst beobachtet hat, der weiß, dass der Fortpflanzungstrieb einer der stärksten Triebe überhaupt ist. Er schaltet jegliche Vernunft, Vorsicht und alle Bedenken aus. Bei Tieren geht es in dieser Zeit darum, dass möglichst starke Männchen möglichst viele Weibchen schwängern, damit die Arterhaltung gesichert ist und sich die besten Gene durchsetzen.

Beim Menschen ist es etwas komplizierter. Um die Kränkungen, die sich bei Frauen allgemein und bei dicken Frauen im Besonderen in Sachen Verliebtsein ergeben, besser verstehen zu können, müssen wir erst einmal die männliche und die weibliche Verhaltensbiologie bei der Fortpflanzung verstehen.

Gehen wir davon aus, dass das Fortpflanzungsziel das gleiche ist wie im Tierreich: möglichst gute Gene für möglichst viele Kinder. Für Männer geht es dann vor allem darum, ihren Samen auf möglichst viele junge und gesunde Frauen zu verteilen. Jung und gesund sollten sie sein, damit die Wahrscheinlichkeit größer ist, dass sie die Nachkommen gut versorgen können.

Männer sind biologisch auf Eroberung programmiert. Dieser Punkt ist äußerst wichtig, wie wir noch sehen werden. Erobern heißt immer: in fremdes Terrain eindringen, kämpfen, besiegen. Erobern ist ein aggressiver Akt.

Um rasch eine Frau als »fortpflanzungsgeeignet« zu erkennen, genügen wenige Merkmale, die der Mann möglichst schon von weitem erkennen können sollte: breites Becken, volle Brüste, glatte Haut (Jugend), keine grauen Haare. Damit wird auch klar, warum Männer so sehr auf das *Aussehen* einer Frau abfahren. »Liebe auf den ersten Blick« trifft vor allem Männer. Und dann kann das Werbe- und Balzprogramm starten.

Mode und Kosmetik helfen Frauen seit Jahrtausenden, »gute Männchen anzulocken«. Dass dabei auch mal falsche Tatsachen vorgetäuscht werden, wurde nicht immer so locker gesehen wie heutzutage. In England beispielsweise war es noch im 19. Jahrhundert für Frauen bei Strafe verboten, einen Mann durch Schminke zu täuschen und in die Ehe zu locken.

Frauen entwickelten Raffinement, um Männer anzulocken. Das berühmte »unbeabsichtigte« Fallenlassen eines Taschentuches, das der vorbeiflanierende Kavalier dann aufheben »musste«, ist nur eines von zahllosen Beispielen. »The Rules«, die besonders im puritanischen England und in den nicht weniger puritanischen USA die Runde machten, ein anderes. Nach diesen Regeln wird genau festgelegt, wie sich eine Frau vom ersten Kennenlernen bis zur Heirat verhalten sollte. Die Frau musste Desinteresse vortäuschen, aber nicht zu viel, damit der Kandidat nicht das Interesse verlor. Der Mann sollte den Eindruck bekommen, dass er die Frau nur langsam und mit Anstrengungen erobern konnte. Dies stärkte sein Selbstwertgefühl und hob den »Wert« der Frau. Diese Regeln sind auch in deutscher Übersetzung zu haben (Fein, Ellen/Schneider, Ellen: *Die besten Regeln, den Mann fürs Leben zu finden*) und scheinen – in modifizierter Form – auch heute noch zu funktionieren.

»The Rules« sollten Frauen davor schützen, sich zu schnell und an den falschen Mann »wegzuwerfen« und ihre Jungfräulichkeit vor der Ehe zu verlieren. Aus biologischer Sicht geht es allerdings um weit mehr: Um eine Kinderschar durchzukriegen, muss eine Frau nicht nur einen Mann anlocken, schwanger werden, Geburten überstehen (möglichst breites Becken) und die Nachkommen nähren (milchspendende große Brüste), sondern sie muss die Kinder über Jahre hinweg betreuen, pflegen, fördern. Sie muss im Sinne der Überlebensfähigkeit ihrer Kinder treu, verlässlich, häuslich, einfühlend und geschickt sein.

Das Modell der allein erziehenden Mutter ist bei vielen Säugetieren, bei denen die Männchen die Jungen auffressen würden, erfolgreich. Hingegen werden bei vielen Vögeln mit intensiver Brutpflege beide Eltern gebraucht, weil einer allein die Nahrungsbeschaffung nicht leisten könnte. Beim Menschen ist es ebenfalls optimal, wenn die Frau einen Mann hat, der sich um sie und um die Kinder kümmert. Er sollte stark sein, um das »Nest« verteidigen zu können, er sollte Nahrung herbeischaffen können, und er sollte den Kindern etwas beibringen können. Einen solchen Mann sollte sich die Frau aussuchen.

Da Männer auf Eroberung programmiert sind, werben sie für sich. Sie schmeicheln, schicken Blumen, führen zum Essen aus, präsentieren ihr neues Auto und beeindrucken mit Muskeln und finanziellen Möglichkeiten. Die Frau soll sehen, dass er für sie und die Kinder sorgen kann. Ist die Werbung erfolgreich, verliebt sich die Frau in den Mann, und er darf ihr näher kommen. Jetzt muss er der Frau körperlich gefallen, er muss zärtlich sein und irgendwann sexuell seinen Mann stehen. In der gesamten Werbezeit hat ein Mann viele Ängste, ist verletzbar und kränkbar.

Sein evolutionsbedingtes und durch Hormone gepowertes Eroberungsprogramm lässt ihn *durchhalten* und bei Fehlschlägen *nicht aufgeben*. Er weiß, er muss es immer wieder versuchen, um irgendwann ans Ziel zu kommen. *Und er glaubt daran, dass er sein Ziel erreichen wird.*

... Frauen auch

Auf den ersten Blick sieht es so aus, als hätten die Frauen im Balzprogramm das große Los gezogen: Sie brauchen nur schön auszusehen, und schon locken sie die Männer an. Und suchen sich dann den besten aus. Vor allem sehr junge Männer und sehr dicke Frauen glauben, dass es so einfach ist.

Doch wenn man verliebt ist, bleiben die Kränkungen nicht aus. Der Psychoanalytiker Leon Wurmser sieht vor allem zwei Risiken beim Verlieben: »Die beiden Risiken sind, sich anzubieten, aber als der Liebe unwert abgewiesen zu werden, und sich mit dem anderen vereinigen oder ihn durch Wahrnehmung und Ausdruck erobern zu wollen, aber sich als ohnmächtig in beidem zu erweisen.«[11] Dies sind die beiden gröbsten Risiken. Und es gibt noch wesentlich mehr, mit denen Frauen beim Verliebtsein konfrontiert werden.

Da bei Frauen Sex und Liebe (anders ausgedrückt: Schwangerschaft und Nestbau) nicht so einfach zu trennen sind wie bei Männern, ist Liebe für Frauen ein *gewichtiges Lebensthema*. Wird die Frau schwanger, dann verändert sich ihr gesamtes Leben für lange Zeit, während Männer weitgehend weiterleben können wie bisher. Ein verliebter Mann interessiert sich noch für viele andere Dinge neben der Beziehung mit der Frau, in die er verliebt ist. *Eine verliebte Frau hingegen interessiert sich nur für die Beziehung.* Da ihre Gefühle umfassender sind, hat sie große Angst davor, dass der Mann sie verlässt, wenn er sein Vergnügen gehabt hat.

Dass diese Befürchtung nur zu berechtigt ist, zeigt eine Sex-Studie der Zeitschrift *Cosmopolitan*. Über 1.000 Männer und Frauen im Alter zwischen 18 und 50 Jahren wurden befragt, ob sie sich vorstellen könnten, bereits beim ersten Treffen Sex zu haben. Dies konnten sich 59 Prozent der Männer vorstellen, aber nur 25 Prozent der Frauen. »Die meisten Frauen stehen nicht auf den schnellen Sex und warten lieber länger, bevor sie ihre Hüllen und Hemmungen fallen lassen.«[12]

Auf die Frage, ob man eine Frau, die gleich beim ersten Treffen Sex hat, als »Schlampe« bezeichnen kann, antworteten 20 Prozent der Frauen zwischen 18 und 29 Jahren mit ja. Und: Nur die Hälfte aller befragten Frauen gab einem Paar, das sofort miteinander Sex hatte, »trotzdem« Chancen auf eine anschließende Partnerschaft. Bei den Männern waren es immerhin 62 Prozent, die bei schnellem Sex auch eine Beziehung für möglich hielten.

In einer amerikanischen Studie mit dem Titel »The Sexual Adolescent« gaben 46 Prozent der befragten Jungen (Amerikaner sind in der Regel etwas zurückhaltender und »prüder« als wir) zu, dass sie den ersten Geschlechtsverkehr aus Begehren hatten. Hingegen gaben 42 Prozent der befragten Mädchen als Grund Verliebtheit an. Bei den jungen Männern waren beim ersten Mal nur 10 Prozent verliebt.[13]

Eine 42-jährige Juristin erzählte mir:

»Bei mir war ›das erste Mal‹ total enttäuschend. Der Junge, mit dem ich mit sechzehn ausging, hatte nur Sex im Kopf. Ich aber war total verliebt. In diesem Alter war ich natürlich ohne jede Erfahrung und glaubte, dass er ebenfalls verliebt sei. Ich ließ es dann über mich ergehen und wunderte mich, als der Junge dann hinterher so kalt zu mir war. Natürlich dachte ich, dass ich etwas falsch gemacht hatte oder dass ich ihm einfach zu dick war. Als er dann eines Tages meinte, dass meine Schenkel ›stämmig‹ seien, hatte ich den vermeintlichen Grund gefunden. Daraufhin versuchte ich krampfhaft abzunehmen, bekam aber Essanfälle und nahm innerhalb von fünf Monaten zehn Kilo zu. Als der Junge mich dann verließ und mit einem anderen Mädchen etwas anfing, sagte ich zu mir: ›Du fette Sau hast es nicht anders verdient!‹«

Kränkende und enttäuschende Erlebnisse mit Männern, die nur Sex suchen, gibt es im Leben fast aller Frauen. Auch die schönsten können sich davor nicht komplett schützen.

Männer und Frauen unterscheiden sich im Umgang mit derartigen Kränkungen. Nancy Friday meint dazu, dass ein zurückgewiesener Mann mehrere Möglichkeiten habe. Er könne gehen und andere willige Partnerinnen finden – auch wenn er sie nicht liebt. Er könne aber auch etwas ganz anderes machen, weiß er doch, dass er Optionen hat. Im Laufe seines Lebens musste er bereits viele Ablehnungen und Zurückweisungen ertragen. Das Leben habe ihm gezeigt, dass diese Kränkungen zwar schmerzen, doch dass davon die Welt nicht untergeht.[14]

Anders ist dies bei einer Frau. Sie trifft eine Liebeskränkung im tiefsten Kern ihres *Selbstwertgefühls*. Sie muss – aus biologischer Sicht – »erwählt« werden. Wenn sie nicht erwählt wird, denkt sie, sie sei *nicht schön genug*. Wenn sie zwar erwählt, dann aber fallen gelassen wird, denkt sie, sie sei *als ganze Person nicht in Ordnung*.

Und Frauen ziehen daraus leicht einen Schluss, der ein Kurzschluss ist: »Du bist eine Zumutung!« Die übergewichtige Frau macht daraus: »Du bist eine Zumutung, weil du zu dick bist!«

Machos

Zwei Männer treffen sich nach langer Zeit einmal wieder und unterhalten sich darüber, was in der Zwischenzeit passiert ist.

Hans: *»Ja, und vor zehn Monaten habe ich geheiratet, aber leider starb meine Frau vor vier Wochen.«*
Franz: *»Wie schlimm! Was hat sie denn gehabt?«*
Hans: *»Ein kleines Einzelhandelsgeschäft und ein paar tausend Mark Festgeldanlagen.«*
Franz: *»Nein, das meine ich nicht. Was hat ihr denn gefehlt?«*
Hans: *»Na gut, ein Bauplatz und Geld, um das Geschäft vernünftig auszubauen.«*
Franz: *»Das meine ich doch nicht! An was ist sie denn gestorben?«*
Hans: *»Ach so. Sie wollte in den Keller, um fürs Mittagessen Kartoffeln und Sauerkraut hochzuholen. Dabei ist sie die Treppe runtergefallen und hat sich das Genick gebrochen.«*
Franz : *»Um Himmels willen! Und was habt ihr denn dann gemacht?«*
Hans: *»Nudeln.«*

Dieser Macho-Witz enthält den Kern der Kränkung: Der Mann (Hans) sieht nur seinen eigenen Vorteil. Die Frau ist ihm egal. Sie ist kein Mensch mit eigenen Gefühlen, Wünschen und Bedürfnissen, sondern sie ist dazu da, ihm etwas zu bieten. Ihr Wert bemisst sich nach den Vorteilen, die er durch sie hat. Hans hat seine Frau *narzisstisch besetzt.*

Diese narzisstische Besetzung von Frauen kommt in den »vier Fs der Machos« am deutlichsten zum Ausdruck:

1. F: find them – suche die Frauen
2. F: fool them – führe sie an der Nase herum
3. F: fuck them – benutze sie sexuell
4. F: forget them – lasse sie wieder fallen

Diese vier Fs sind der Albtraum jeder Frau. Besonders der verliebten Frau. Die vier Fs sind eine nicht versiegende Quelle von Leid, Enttäuschung, Selbstabwertung. Leider glauben die meisten Frauen, sie selbst seien schuld, wenn sich ein Mann ihnen gegenüber derart verhält.

Männer mit dem »4F-Verhalten« sind Männer, die selbst schwer gekränkt wurden. Meist wurden sie von einer Frau, die sie liebten, verlassen und wollen sich nun an anderen Frauen »rächen«. Sie drücken ihre *Kränkungswut* in den 4F-Verhaltensweisen aus, was ihnen jedoch auf längere Sicht keinerlei Lösung bringt, höchstens eine oberflächliche Befreiung von großem innerem Druck. »Das liegt daran, dass diese Form der Wut mit Verachtung gepaart ist und sich darauf richtet, die Macht über den anderen zu erringen. Zu dieser Wut gehören hohe Destruktivität, Kälte, Gnadenlosigkeit.«[15]

Die Kälte und die Verachtung schneiden sich in die aufgeweichte Seele einer verliebten, hingebungsvollen Frau. Die Verachtung durch den Mann wandelt die Frau in *Selbstverachtung* um: »Wenn du schöner, schlanker, jünger, liebevoller, besser drauf ... gewesen wärst, dann wäre dir das nicht passiert!« *Nun strengt sich die Frau richtig an, »gut genug« zu werden.* Sie sieht nur noch sich und ihre vermeintlichen Defizite und nicht mehr die Tatsache, dass sie für den »4F-Macho« austauschbar ist.

Womit die Liebe überfordert ist

Stellen wir uns nun vor, eine Frau wie Petra S., die in ihrer Kindheit durch den Verrat durch Vater und Mutter schwer verletzt worden ist, trifft auch noch auf einen Macho, der sie benutzt und fallen lässt. Bei jeder Verliebtheit kommen ja die alten Sehnsüchte nach Liebe, Angenommenwerden, Geborgenheit wieder mit Macht an die Oberfläche – und die *Hoffnung, nun endlich, endlich alles zu bekommen, was man schon immer schmerzlich vermisst hat*. Diese Hoffnung überfrachtet die sowieso schon angespannten ersten Treffen zusätzlich und macht eine Frau wie Petra S. extrem verletzlich. Ihre inneren Warnsignale blinken rot: »Hände weg!« und gleichzeitig grün: »Los, greif zu!«

Diese Mischung aus Sehnsucht und Angst kennen alle, die

schon einmal verliebt waren. Aber: Der Gedanke an den Schmerz der Vergangenheit lässt Menschen mit alten Hypotheken, wie eben Petra S., die Angst vor Zurückweisung und Abwertung auf die Gegenwart und die Zukunft projizieren. Die Folge ist, dass Frauen wie Petra *Ablehnungen und Zurückweisungen von Männern regelrecht erwarten.*

Schauen wir uns diesen Mechanismus einmal genauer an. Fast alle dicken Frauen, die ich mündlich befragte und die meinen Fragebogen ausfüllten, antworteten auf die Frage, ob sie in ihrer Kindheit für ihr Dicksein gehänselt wurden, mit ja. Und von wem wurden sie gehänselt und verspottet? Es ist erstaunlich, aber wahr: Mit großem Abstand auf Platz eins der Spötter lagen die eigenen Eltern! Die Mütter waren dabei noch aktiver als die Väter. Warum werteten die Eltern ihre Töchter so ab, wo doch diese nach Akzeptanz und Unterstützung lechzten?

Gehänselt wurde vor allem wegen des dicken Hinterns, der dicken Schenkel und des dicken Bauches. »Wenn ich heute Bilder von damals anschaue«, sagt Petra S., »dann finde ich nicht, dass ich übermäßig dick war. Ein bisschen kräftig, ja, aber bestimmt kein Grund, ein Kind zu verspotten.«

In der Pubertät verändert sich die Figur eines Mädchens. War es vorher gerade wie ein Handtuch und flach wie ein Brett, so bekommt es nun eine Taille, einen runderen Po und weibliche Schenkel. Das machen die Östrogene. Sie formen genau jene Kurven, auf die Männer ansprechen. Nun bekommt die Mutter »Konkurrenz« im eigenen Haus: Es gibt außer ihr noch eine andere, jüngere, knackigere Frau. Die Kritik am »dicken« Hintern, am »dicken« Bauch und an den »dicken« Schenkeln zeigt einfach nur, dass *es der Mutter lieber wäre, wenn das Mädchen Kind bleiben würde.* Die Mutter artikuliert aber ihre eigenen Ängste und Befürchtungen nicht, sondern wertet die Tochter ab.

Die Psychotherapeutin Catherine Herriger sieht hierin ein »mütterliches Kastrations-Programm«, das folgende Botschaften umfasst:

- Du sollst nie attraktiver sein als ich.
- Du sollst nie begehrter sein als ich.
- Du darfst nie weiblicher sein als ich.
- Deswegen darfst du nie Körpergefühl entwickeln und wirst somit nie in der Lage sein, Kontrolle über deinen Körper ausüben zu können. Dadurch wirst du dir immer als ungenügend, maßlos und nicht liebenswert vorkommen.[16]

Die Tochter macht daraus: »Du bist nicht in Ordnung, weil du zu dick bist.« Und aus der mütterlichen Abwertung wird eine Selbstabwertung. Dabei hätten sich die auf diese Art abgewerteten Frauen, das zeigte mein Fragebogen, als Kinder und Jugendliche von ihren Müttern etwas ganz anderes gewünscht:

- mehr Freiraum
- mehr Zeit und Gespräche
- mehr Anerkennung und Solidarität
- angenommen und unterstützt werden

Dies lässt uns an die vier schlimmsten Kränkungen denken: verlassen werden, verraten werden, ausgeschlossen werden und zurückgewiesen werden. Wir haben gesehen, wie dicke Frauen versuchen, sich vor weiteren Kränkungen dieser Art zu schützen: durch ihr Fett, durch ihren Rückzug, durch das Schaffen einer Barriere zwischen sich und der Welt. Zu dieser Barriere gehört nicht nur das Fett, sondern ebenso das Image der Netten, Hilfsbereiten, Geduldigen, das der Welt gezeigt wird. Diese »Zugaben« mögen im täglichen Leben notdürftig ihren Zweck erfüllen. *In dem Augenblick, in dem sich die übergewichtige Frau aber verliebt, versagt ihr altes Schutzsystem.*

Die sorgsam verborgenen alten Bedürfnisse kriechen aus ihren dunklen Höhlen und kleben sich an das Objekt der Begierde – den Mann. Aus Bedürfnissen werden konkrete Wünsche:

- bei IHM die Nummer Eins zu sein
- mit ihrem ganzen Wesen geliebt und akzeptiert zu werden
- körperlich begehrt zu werden
- geachtet und respektiert zu werden
- das Gefühl der Zusammengehörigkeit mit ihm zu erleben

Okay, all dies wünscht sich *jede* Frau mehr oder weniger stark. Eine zutiefst verletzte Frau wünscht sich insgeheim aber noch viel mehr:

- endlich als ganze Person gutgeheißen zu werden
- es endlich einmal wert zu sein, dass ein Mann sich um sie kümmert
- vom Mann ein besseres Selbstwertgefühl und ein besseres Selbstbewusstsein zu bekommen

Wie soll nun der arme Mann all die Wunden schließen, die die Eltern aufgerissen haben?

Selbstwert und Selbstbewusstsein – das drückt schon die Vorsilbe »Selbst-« aus – müssen von der Frau selbst aufgebaut werden. Und das erfordert geduldige und harte Arbeit – von ihr selbst und an ihr selbst.

Mr. Right

»Da möchte ich aber energisch widersprechen«, sagt Petra S., als ich ihr meine Ansicht zu den überzogenen Erwartungen an die Männer darlege. »Bei mir hat es doch auch funktioniert! Enrico hat mein Selbstwertgefühl gestärkt, und ich habe abgenommen. Sehr schnell und sehr viel. Das kann schon klappen, aber man braucht den richtigen Mann.«

Den »richtigen« Mann. Und wie sieht er aus, der »richtige« Mann? War Enrico der »richtige« Mann?

»Enrico war einfühlsam, hatte viel Humor und mochte mich, wie ich war«, führt Petra aus. »Er kritisierte meine Figur nicht, und ich konnte bei ihm einfach ich selbst sein. Wir hatten viel Spaß zusammen.«

»Was war denn besser oder anders mit Enrico, als Sie schlank wurden?«, will ich wissen.

Petra überlegt länger. »Ich glaube, der Haupteffekt der schlanken Figur war, dass ich besser in seine Familie passte. Die Schwägerinnen waren alle zierlich. Ich konnte dann besser mithalten.«

»Fühlten Sie sich seiner sicherer?«, bohre ich weiter.

Petra errötet. »Das habe ich mir noch gar nicht so richtig überlegt«, sagt sie langsam. »Ja, das könnte sein!«

»Schlank passten Sie besser in die Familie, und vielleicht hatten Sie in der Beziehung zu Enrico auch bessere Karten?«

»Ja, da ist etwas dran. Meine Angst, Enrico an eine andere Frau zu verlieren, war geringer, als ich dünn war. Ich glaube, ich wollte mich als dicke Frau Enrico und seiner Familie einfach nicht zumuten!« Petra atmet tief. Nun ist es heraus.

Petra war durch die Gewichtsreduktion attraktiver geworden und hatte somit in der Beziehung und in der Familie *mehr Macht* bekommen. Da unser Schönheitsideal ein schlankes ist, ist ein schlanker Mensch in unseren Köpfen als Partner mehr »wert« als ein dicker. In Beziehungen zwischen Dicken und Dünnen gibt es also ein Machtgefälle. *Und gibt es in Beziehungen ein starkes Machtgefälle, sind diese Beziehungen nicht mehr stabil.*

Frauen, die schon einmal in größerem Umfang abgenommen haben, ist diese Tatsache bekannt. Sie kleideten sich als Schlanke sorgfältiger, hatten viel mehr Lust wegzugehen und sich zu zeigen. Und was taten daraufhin die Männer? In den vielen Jahren, in denen ich mit essgestörten Frauen arbeite, habe ich die verschiedensten männlichen »Lösungen« kennen gelernt. Manche freuten sich, dass die Frau schlank und endlich vorzeigbar war, gaben aber recht bald zu verstehen, dass sie nun schlank genug sei. Andere schwängerten ihre Frau. Diese Lösung bindet sie ans Haus und ist in ihrer Durchschlagskraft sicher die effektivste. Einige Männer verloren selbst an Gewicht, damit war das Gleichgewicht wieder hergestellt.

Es gab aber auch Männer, die ihre Frauen zum Essen verführten. Sie brachten so nebenbei Pralinen oder Eis mit und behaupteten, dass es ihnen nicht schmecke, wenn die Frau nicht mitesse. Und ein nicht zu kleiner Teil der Männer machte der schlanken Frau klar, dass sie dick viel umgänglicher gewesen sei und dass sie außerdem gar nicht so schlecht ausgesehen habe.

Alle Männer wissen eines ganz sicher: Eine attraktive Frau ist auch für andere Männer attraktiv. Und das bedeutet ständige Konkurrenz. Für einen Mann mit wenig Selbstwertgefühl und Selbstbewusstsein ist diese Tatsache recht anstrengend und bedrohlich.

Wer ist denn nun der »richtige« Mann, um das Selbstwertgefühl einer dicken, mit sich selbst hadernden Frau zu verbessern?

»Ein sehr attraktiver, selbstbewusster Mann dürfte es nicht sein«, sagt eine 34-jährige Reisebüroangestellte, »da würde ich mich zu minderwertig fühlen.«

Also sollte der »richtige« Mann dann eher »gleichwertig« sein?

»Ja, aber gleichwertig in dem Sinn, dass er vom Aussehen her nicht zu attraktiv ist«, meint Petra S.

»Er sollte einfühlsam sein, immer auf mich eingehen, gleiche Interessen haben wie ich, den gleichen Humor haben wie ich und ...« Petra fängt an zu lachen.

»Mein Gott, *er sollte genau wie ich sein!* Aber gibt es denn solche Männer? Und wären die denn dann überhaupt anziehend?« Petra kommt ins Grübeln. Anscheinend hat sie über dieses Thema noch nicht oft intensiv nachgedacht.

Der erste Mann im Leben einer Frau ist ja bekanntlich der Vater. Und der hinterlässt eine Bedürfnisspur. Was hätten sich meine Fragebogen-Frauen von ihren Vätern gewünscht? *Präsenz, Verständnis, Weichheit, Schutz, Lob und Anerkennung, Gelassenheit und Unterstützung!*

Und genau das fehlt diesen Frauen heute noch, und sie suchen es bei ihren Männern. Frauen wie Petra sind *narzisstisch bedürftig*. Das heißt konkret: Sie suchen eine Bezugsperson, die auf sie eingeht, die ihnen Lob, Trost und Anerkennung gibt und die sie unterstützt. Sie selbst sind dann in der *Rolle des empfangenden Kindes*.

Bei vielen übergewichtigen Frauen fällt auf, dass sie oft den »Erstbesten« geheiratet haben, aus Angst, keinen mehr abzubekommen. Und um nicht mehr durch die Tücken der Partnersuche verletzt zu werden. Wenn Sie zu diesen Frauen gehören, glauben Sie dann auch, dass Sie, wenn Sie schlank wären, nur einen einzigen Frosch küssen müssten und dieser würde sich dann in den Traumprinzen verwandeln? Oder könnten Sie sich vorstellen, fünfzig Frösche zu küssen und neunundvierzig interessante, nützliche aber auch schmerzhafte Erfahrungen zu machen?

Nein? Aha, hier liegt nämlich der Hase im Pfeffer. Während schlanke Frauen alle Arten von Erfahrungen machen müssen, sich des Öfteren die Finger verbrennen und dadurch einen *»Erfahrungsschatz«* sammeln, klinken sich übergewichtige Frauen viel zu früh aus diesem Thema aus. Wer sich aber mit 15 Jahren aus dem Thema Männer und Beziehung zurückzieht, erspart sich nicht nur viele Verletzungen, sondern auch das Wissen, wie Männer sind, was sie antreibt, den lockeren, unverkrampften Umgang mit Männern, ihre andere Art, die Dinge zu sehen, und das Entwickeln eigener Strategien, mit ihnen umzugehen.

Die Folge davon ist, dass die zurückgezogene Frau

- Männer nicht richtig kennt,
- mit Männern nicht umgehen kann,
- sich Illusionen über Männer und Beziehungen macht und
- sich isoliert und ihre Defizite immer größer werden.

Und: Je mehr der Realitätsbezug verloren geht, desto prächtiger werden die Luftschlösser der Illusion.

VIII Das Schlaraffenland – Die dicke heile Welt

Wie im Schlaraffenland – bequem und gemütlich

»Auf den Birken und Weiden, da wachsen Semmeln frischbacken, und unter den Bäumen fließen Milchbäche; in diese fallen die Semmeln hinein und weichen sich selbst ein für die, so sie gern einbrocken ... Die Fische schwimmen in dem Schlaraffenlande obendrauf auf dem Wasser, sind auch schon gebacken oder gesotten und schwimmen ganz nahe am Gestade; wenn aber einer gar zu faul ist und ein echter Schlaraff, der darf nur rufen ›bst! bst!‹, so kommen die Fische auch heraus aufs Land spaziert und hüpfen dem guten Schlaraffen in die Hand, dass er sich nicht zu bücken braucht.

Das könnt ihr glauben, dass die Vögel dort gebraten in der Luft herumfliegen. Gänse und Truthähne, Tauben und Kapaunen, Lerchen und Krammetsvögel, und wem es zuviel Mühe macht, die Hand danach auszustrecken, dem fliegen sie schnurstracks ins Maul hinein. Die Spanferkel geraten dort alle Jahr überaus trefflich; sie laufen gebraten umher, und jedes trägt ein Tranchiermesser im Rücken, damit, wer da will, sich ein frisches saftiges Stück abschneiden kann.«[17]

Wenn die 28-jährige Sibille abends aus dem Büro nach Hause kommt, dann schafft sie sich ihr eigenes Schlaraffenland. Da ihr die gebratenen Vögel nicht ins Maul fliegen, muss sie sich selbst ein paar Brote schmieren. Zum Kochen hat sie keine Lust. Brot mit Wurst und Käse tut es auch. Mit ihrer Beute zieht sie sich dann vor den Fernseher zurück. Dort macht sie es sich auf dem Sofa bequem. Beine hoch und das Tablett mit den Fressalien auf dem Schoß. Nun wird es so richtig gemütlich. *An nichts mehr denken. Die Sinne beschäftigen:* die Augen mit Bildern, die Ohren mit Tönen, den Mund mit Essen.

»Auch viel und mancherlei Kurzweil gibt es in dem Schlaraffenlande. Wer hierzulande gar kein Glück hat, der hat es dort im Spiel und Lustschießen wie im Gesellenstechen. Mancher schießt hier alle sein Lebtag nebennaus und weit vom Ziel, dort aber trifft er ...«[18]

Sibilles Kurzweil heißt Fernseher. Er lenkt Sibille ab, zerstreut ihre Gedanken. Meist nimmt sie nach einiger Zeit gar nicht mehr wahr, was sie sieht. Und was sie isst, merkt sie nach den ersten Bissen sowieso nicht mehr. Sibille isst weiter, bis sie einen *Zustand wohliger Trägheit* erreicht hat. Dieser Zustand hat mit körperlicher Sattheit nichts mehr zu tun. Es ist ein *Zustand der Willenlosigkeit, der Erstarrung*. Wunschlos apathisch. Alle Räder stehen still.

Viele übergewichtige Frauen kennen diesen Zustand. Sie spüren beim Essen genau, an welcher Stelle sie eigentlich satt wären. Aber sie hören nicht auf zu essen. Die wohlige Trägheit möchten sie möglichst rasch erreichen. Bevor sie zur Besinnung kommen und dann vielleicht aufhören müssten.

Aus diesem Grund *schlingen* viele dicke Frauen auch. Beim Schlingen wird so gut wie nicht gekaut. Dazu eignen sich am besten Lebensmittel, die weich sind, also Brötchen, Kuchen oder Pasta. Beim Schlingen ist das Schmecken weitgehend ausgeschaltet. Und es geht rasend schnell. Beides führt dazu, dass die schlingende Frau den Überblick über das bereits Verzehrte verliert. Das soll auch so sein, denn die schlingende Frau hat ein Interesse daran, nicht zu merken, wieviel sie gegessen hat, damit sie ihrem *schlechten Gewissen* entgehen kann.

Im Zustand der wohligen Trägheit sind das Denken und das Wahrnehmen auf ein Minimum reduziert.

»Es ist dann so, als wäre ich leicht betäubt«, schreibt eine 38-jährige Mutter (102 kg) von zwei kleinen Kindern. »Ich fühle mich dann wie in einem Kokon, durch den nicht mehr alle Reize durchdringen. Vieles ist mir dann ziemlich egal. Die Dinge um mich herum, meine streitenden Kinder, der Lärm und die Unordnung kommen nicht mehr so richtig an mich heran. Gleichzeitig fühle ich mich gelähmt. Ich habe dann ein schlechtes Gewissen, denn ich überlasse in diesem Zustand meine Kinder mehr oder weniger sich selbst.«

Offensichtlich benutzt diese Frau den Zustand der wohligen Trägheit als *Reizabschirmung*. Auch das Fernsehen ist nicht nur Kurzweil, sondern dient ebenfalls zur Abschirmung von Außenreizen. Gleichzeitig stellt das Fernsehen eine Quelle der *Reizüberflutung* dar. Die Fülle der bunten, schnell wechselnden Bilder und der diese Bilder begleitende Ton zerstreuen die Aufmerksamkeit lediglich, bringen aber keine echte Entspannung.

Kommen wir zurück zu Sibille. Da Sibille alleine lebt, ist da niemand, auf den sie zu Hause Rücksicht nehmen müsste. Somit kann Sibille abends völlig abschlaffen. Klar, dass sie erschöpft ist. Das Herumschleppen ihres Körpergewichtes und die Überanpassung an die Erwartungen anderer als Zugabe laugen aus.

Kennen Sie das Bild des niederländischen Malers Breughel mit dem Titel »Schlaraffenland«, in dem ein Mann total vollgefressen, apathisch und mit geöffnetem Hosenbund unter einem Baum liegt? Genauso liegt auch Sibille im Laufe des Abends auf ihrem Sofa. Vollgefressen und apathisch. Aber auch geschützt vor Anforderungen, Belastungen und nicht zuletzt vor dummen Bemerkungen und Abwertungen.

Sibille wird müde. Ihr Verdauungsapparat ist überlastet. Die Hausarbeit bleibt liegen. Sie will nichts mehr sehen und hören.

»Auch für die Schlafsäcke und Schlafpelze, die hier von ihrer Faulheit arm werden, dass sie Bankrott machen und betteln gehen müssen, ist jenes Land vortrefflich. Jede Stunde Schlafens bringt dort einen Gulden ein und jedes Gähnen einen Doppeltaler.«[19]

Irgendwann schleppt sich Sibille ins Bett. Klappe zu, der Tag ist geschafft.

Sich berieseln lassen, sich vollstopfen, nichts mehr wollen und nichts mehr merken heißt aber, jegliche *Selbstverantwortung abzugeben*. Aber das ist noch nicht alles. Eine kanadische Studie an 341 Personen im Alter von durchschnittlich 26 Jahren zeigte: »Je mehr man fernsieht, für umso dicker hält man sich – und das unabhängig vom tatsächlichen Gewicht. Auf die Selbstwahrnehmung von Frauen scheint das Fernsehen einen besonders schlechten Einfluss zu haben: Sie schätzten auch ihren allgemeinen Gesundheitszustand und ihre Fitness deutlich schlechter ein, wenn sie viel Zeit vor dem Fernseher verbrachten.«[20] Und das nicht nur, weil sie vor dem Fernseher keine Bewegung hatten, sondern weil die Frauen in den Medien deutlich schlanker und sportlicher sind als in der Wirklichkeit. Dieser Vergleich macht nicht gerade froh. Das daraus resultierende negative Selbstbild macht noch zusätzlich ein schlechtes Gewissen, das ebenfalls weggestopft werden muss.

Die »heile Welt« Schlaraffenland ist also nur kurze Zeit heil – so ungefähr die erste halbe Stunde. Hinterher folgt der Albtraum: Scham, Schuldgefühle, Ekel, Hoffnungslosigkeit, Depression. Und doch scheint die wohlige Trägheit zunächst dies alles aufzuwiegen. Dass jemand im Schlaraffenland dicker und träger wird, liegt auf der Hand. Es ist der Preis, den das süße Leben fordert. Denn:

»Wer gern arbeitet, Gutes tut und Böses lässt, dem ist jedermann dort abhold, und er wird Schlaraffenlandes verwiesen.«[21]

Wer räumt auf im Schlaraffenland?

»Wer nichts kann als schlafen, essen, trinken, tanzen und spielen, der wird zum Grafen ernennt. Dem aber, welchen das allgemeine Stimmrecht als den faulsten ... erkennt, der wird König im Schlaraffenland.«[22]

Nein, ich will damit natürlich nicht sagen, dass Sie faul seien. Ich möchte damit andeuten, was mehr als der Hälfte der übergewichtigen Frauen in meiner Praxis einen starken Leidensdruck macht: das so genannte *Vermüllungssyndrom*. Ebenfalls bekannt unter der Bezeichnung »Schlampensyndrom«. Die Betroffenen nennt man auch »Messies« (englisch *mess*, Unordnung, Schweinerei). Leider hat der deutsche Begriff »Schlampe« eine Bedeutungsausweitung in Richtung »Flittchen« erfahren und einen sehr abwertenden Beigeschmack bekommen. Ich möchte ihn von daher nicht benutzen.

Wenn Sie selbst ein ordentlicher Mensch sind, dann können Sie dieses Kapitel getrost überblättern.

»Immer wenn ich meine Fressorgie habe, dann mache ich nichts mehr im Haushalt. Ich lasse dann alles stehen und liegen, und meinen Müll lasse ich dort, wo er anfällt: auf dem Tisch. Dort steht schmutziges Geschirr tagelang herum, und leere Flaschen sammeln sich. Ich bin einfach zu kaputt, um aufzuräumen.«

Dies berichtete mir eine extrem dicke Frau. Auf meine Frage, ob sie nicht wenigstens als Therapie-Hausaufgabe heute mal den Tisch abräumen könnte, antwortete sie: »Nein, einfach den Tisch abräumen geht nicht. Dann müsste ich die ganze Wohnung aufräumen. Und dazu bräuchte ich mindestens eine Woche.« Man sieht, hier geht *nur alles oder nichts*. Andere, vom Messie-Syndrom nicht so stark betroffene Frauen erkannten auch Vorteile.

»Ich glaube, ich halte mir die Leute damit vom Hals. Wenn die Wohnung nämlich zugemüllt ist, kann man niemanden einladen. Undenkbar, dass man jemanden unangemeldet in die Wohnung lässt. So hat man echt seine Ruhe. Habe ich dann doch mal Lust auf Leute, dann gibt es halt eine größere Aufräumaktion.«

Und Petra S. meint dazu:

»Ich bin nur während des Fressanfalls ein Messie. Einfach nur essen und entspannen, alles vergessen und mit dem Fernseher in eine andere Welt eintauchen. Leider kommt das schlechte Gewissen bei mir zu schnell durch. Oder der Druck, für Harald gut genug und damit auch eine gute Hausfrau sein zu müssen. Aber wenn ich alleine leben würde, dann könnte ich für nichts garantieren.«

Und wer räumt nun auf im Schlaraffenland? Wer macht die Wäsche und putzt? Der Erfinder des Märchens, das erstmals 1845 als Buch erschien, war ein Mann. Und damals haben Männer nicht geputzt, gewaschen und aufgeräumt (jedenfalls nicht, wenn sie eine Frau im Haus hatten). Also existierten diese Arbeiten im Kopf des Märchenverfassers nicht. Solche trivialen Arbeiten passen auch nicht ins Schlaraffenland. Auch nicht ins selbst gebastelte Schlaraffenland.

»Wenn ich nach Hause komme und meine Fressorgie abhalte, dann will ich vor allem vergessen und meine Gedanken ausblenden. Wenn ich aufräumen würde, wäre ich ja wieder in der Realität. Und, ich hätte dann ja verdient, dass es schön ist in meiner Wohnung. Doch wenn ich fresse, will ich mich auch selbst bestrafen, um mein schlechtes Gewissen wegen der Fressorgie zu besänftigen.«

So schildert es eine Frau, die schon viel über ihre unordentliche Wohnung nachgedacht hat. Also räumt niemand auf im Schlaraffenland. Wunschlos apathisch kann sowieso keiner das saubere Haus, die saubere Wohnung genießen. *Vergessen durch essen.*

Ein richtiger Messie hat große Schwierigkeiten, seine Zeit zu planen und einzuteilen. So entgleitet ihm die Zeit. Dasselbe gilt für den Haushalt. Auch dieser entgleitet und wird zum Chaos. Irgendwann verliert der Messie den Überblick. Ein Messie neigt dazu, sich zu verzetteln. Er verliert sich leicht im Detail, und der rote Faden oder der Gesamtüberblick geht ihm verloren. Damit geht ihm die *Kontrolle verloren*, und er fühlt sich mal wieder ohnmächtig. Kommt noch Wut hinzu, dann haben wir *ohnmächtige Wut*. Und die ist der Hauptauslöser für Essanfälle.

Sandra Felton, Autorin mehrerer Bücher zu diesem Thema und Begründerin der »Messie-Bewegung«, sieht die Wurzeln des Vermüllungssyndroms in der Kindheit:

»Ein Kind aus einem dysfunktionalen Zuhause lernt die eigenen Gefühle wegzudrücken und zu ignorieren. Es hat Angst vor Zorn, weil es sich daran erinnert, welche Zerstörung zu Hause durch Zorn angerichtet wurde. Ständig wurde dem Kind gesagt, es sei alles in Ordnung. In Wirklichkeit war gar nichts in Ordnung, was das Kind auch sehr wohl spürte.«[23]

Um Verwirrung und ungute Gefühle nicht aufkommen zu lassen, lernte das Kind, sie zu verdrängen. *Hektische Aktivitäten, sich mit Essen vollstopfen, fernsehen* oder *das Flüchten in Tagträume* sind dazu gut geeignet. Da kein anderer Umgang mit den unangenehmen Gefühlen gelernt werden konnte, haben sich diese alten Verhaltensmuster bis heute erhalten.

MACHEN SIE SICH BEWUSST:

Sollte Ihr selbst geschaffenes Schlaraffenland nur dem Vergessen und Ausblenden dienen, dann stehen für Sie zwei Aufgaben an:

- **das Aufspüren alter Gefühle (Trauer, Wut) und**
- **das Zulassen eigener Wünsche und Bedürfnisse.**

»Fat and jolly« – oder eher phlegmatisch?

Im 19. Jahrhundert teilte der Psychiater Emil Kretschmer die Menschen in drei *Körperbau-Typen* ein: in die schlankwüchsigen Leptosomen, die rundwüchsigen Pykniker und die breitschultrigen, starken Athletiker. Für alle drei Konstitutionstypen erarbeitete er nicht nur äußere Merkmale, sondern auch geistig-seelische Eigenschaften. In einem alten populärwissenschaftlichen Buch fand ich dazu Folgendes:

»Seelisch-geistige Eigenschaften des Rundwüchsigen: Ein ausgesprochener Sinn für Realität schlägt gern Wurzeln in umhegter Häuslichkeit und stimmt auf Konservativismus in weltanschaulich-politischer Hinsicht. Kretschmers Pykniker steht im Bilde mit seiner wackeren Biederkeit und zyklothymen Zwiespältigkeit. Es wird jovial von der Leber gesprochen und im Brustton behauptet, eine Gesellschaft in gemütlicher Laune gehalten. Heiterkeit strahlt aus vollem Gesicht und das Bäuchlein wackelt bejahend mit, wenn derber Witz und sonniger Humor von der Zunge fließen.«[24]

Sind Dicke also »fat and jolly« – dick und fröhlich? Kretschmer lebte in einer Zeit, als nicht jeder genug zu essen hatte und das Fett noch nicht in Verruf gekommen war. Und wo Frauen noch nicht ausgehungert sein mussten, um als schön zu gelten. Die Konstitutionstypen galten als angeboren, also als nicht grundlegend veränderbar. Als »dick und fröhlich« allerdings schätzten sich sehr wenige der von mir befragten Frauen ein. Dafür schon eher als »gehemmt und zurückhaltend«. Die Frauen konnten sich besser mit dem Typus des Phlegmatikers identifizieren.

Hippokrates, wohl der bekannteste Arzt der Antike, teilte die Menschen in vier *Temperament-Gruppen* ein, in die

- Melancholiker (die Depressiven),
- Sanguiniker (die Unbeschwerten),
- Choleriker (die Aufbrausenden) und
- Phlegmatiker (die Langsamen).

Später wurde diese Einteilung vom römischen Arzt Galen übernommen und ausgebaut. Man nannte diese Lehre die »Säftelehre« und glaubte, jeder Mensch werde von einem der vier Säfte regiert. Die »schwarze Galle« bestimmte den Melancholiker, die gelbe Galle den Choleriker, das Blut den Sanguiniker und schließlich der zähe Schleim den Phlegmatiker. Dieser gilt als »gleichmütig, ohne besonderen Bewegungsdrang. Da ist also offenbar ein ursprüngliches Lebensgefühl in sehr verschiedener Artung vorhanden; es scheint, dass Erfahrungen, Umwelteinflüsse nicht allzu viel daran zu verändern vermögen«[25].

Die Meinung oder auch Hoffnung, dass eine dicke Frau, wenn sie denn schlank wäre, von ihrer Art her ganz anders sein würde, erweist sich immer mehr als Trugschluss!

Dies wird auch von der tibetischen Medizin bestätigt, die einen ebenfalls angeborenen Typus, »Bäken«, kennt, mit dem sich meiner Einschätzung nach viele Übergewichtige identifizieren können. Dieser Typus ist »erdenschwer« und neigt zu Übergewicht, zu einem trägen Stoffwechsel, zu kalten Händen und Füßen (Mangeldurchblutung), Ödemen und Müdigkeit, Mattigkeit und Depression. Aus seiner Apathie heraus neigt der Bäken-Typ dazu, sich von der Welt abzukapseln und sich zu isolieren.[26]

»Der buddhistische Glaube ordnet der Bäken-Energie das Geistesgift der Verblendung oder Unwissenheit zu [...]. Gemeint ist damit eine gewisse Trägheit des Denkens, mit der auch eine stellenweise Verweigerung einhergeht. Der Betroffene weigert sich, Realitäten zu akzeptieren, die ihm unangenehm sind und hängt stattdessen einem Wunschdenken nach.«[27]

Dieses Wunschdenken entspricht der »heilen Welt«, die sich viele Dicke ins Schlanksein hineinprojizieren. Die Buddhisten warnen vor dem egozentrischen, selbstsüchtigen Verhalten des Bäken-Typs. Dieses mündet in »Phlegma und Stagnation. Er [der Bäken-Typ] wird zum Egoisten, der in seiner Unbeweglichkeit erstarrt, weil er sich nicht mehr lebendig mit seiner Außenwelt austauschen will.«[28] Ein zu häufiger Rückzug ins Schlaraffenland bietet also nicht nur Nahrung, Wärme, Gemütlichkeit und Bequemlichkeit, sondern hat offensichtlich auch einen hohen Preis: *soziale Isolation* und *zunehmenden Verlust des Realitätsbezuges.*

Das Fett als Tugendwächter

»Wobei hilft Ihnen Ihr Fett im Leben?«, fragte ich die übergewichtigen Frauen. Die Antworten waren alle ähnlich. Frauen, die erst seit kurzer Zeit in Psychotherapie waren, sagten oder schrieben fast durchweg: »Bei gar nichts.« Die meisten Frauen aber sahen unübersehbare Vorteile.

»Das Fett hilft mir, mich ruhig und angepasst zu verhalten und *ohne aufzufallen* durchs Leben zu gehen. Es gibt mir eine gewisse Stabilität und stellt etwas Konstantes, Geborgenes und Sicheres in meinem Leben dar«, schreibt eine 25-jährige Studentin (86 kg). Andere Antworten waren:

»Es schützt mich vor männlichem Interesse in der Form, dass es *mir Männer vom Leib hält.*« (32 Jahre, 104 kg)

»Gerade heute beim Stillen meiner Tochter habe ich mich betrachtet. Dann ist mir der Gedanke durch den Kopf geschossen, dass ich durch mein Fett *Distanz* zwischen mir und meiner Umwelt schaffe. Damit mir niemand zu nahe treten kann. Obwohl ich Sex – wenn ich ihn habe – genieße, so hilft mir mein Fett doch, ihn auf ein Minimum zu reduzieren.« (31 Jahre, 75 kg)

»Das Fett hindert mich daran, mich schön herzurichten, wegzugehen, zu flirten und andere Männer kennen zu lernen. Ich glaube, ich habe Angst, dass mir außer meinem Mann auch noch andere Männer gefallen könnten oder besser gesagt, dass ich ihnen gefallen könnte. Vielleicht würde ich mich verführen lassen? Durch das Fett habe ich weniger Chancen, und das bringt *Ruhe und Sicherheit* in mein Leben.« (29 Jahre, 92 kg)

»Es schützt mich vor Verletzung und Übergriffen durch Männer.« (27 Jahre, 100 kg)

Diese Aussagen wählte ich aus, weil sie typisch sind und in ählicher Form häufiger auftraten. Neue Fragen tun sich damit auf:

> **Warum soll das Fett einer Frau helfen, den Sex, den sie genießt, auf ein Minimum zu reduzieren?**
> **Warum soll das Fett einem Männer vom Leib halten?**
> **Warum wird es positiv bewertet, wenn das Fett andere Menschen auf Distanz hält?**

»Wegen der Verletzungs- und Kränkungsgefahr«, sagten mir betroffene Frauen. Doch ich glaube, das ist nicht die ganze Wahrheit.

Erinnern wir uns an die Frage: Gibt es eine Person, die es nicht gerne sieht, wenn Sie abnehmen? »Fühlt sich jemand im Stich gelassen durch Ihren Gewichtsverlust?«, fragte ich weiter. Acht Frauen, also immerhin ein Drittel, nannten ihre Mutter.

»Meine Mutter. Wenn ich auf 65 kg abnehme, mich pflege, mein Englisch verbessere, weiterhin Sport treibe, dann hätte ich noch Chancen, als Stewardess zu arbeiten. Dann würde ich meine Mutter verlassen. Man muss wissen, dass meine Mutter unter Multipler Sklerose leidet und im Rollstuhl sitzt. Das alles ging mir schon durch den Kopf. Ich könnte mir auch vorstellen, dass sie dann sagt, es wäre besser gewesen, ich wäre fett geblieben.« (37 Jahre, 97 kg)

»Früher meine Mutter. Keine Ahnung, warum. Aber jetzt, wo ich wirklich dick bin, will sie schon, dass ich abnehme.« (39 Jahre, 85 kg)

»Vielleicht meine Mutter – aber nur, wenn ich als Schlanke etwas Körperbetontes anziehe.« (30 Jahre, 96 kg)

Auf der einen Seite hänselten genau diese Mütter ihre Töchter, wenn sie zu dick waren. Sie gaben ihnen zu verstehen, dass sie als Dicke minderwertig seien. Auf der anderen Seite vermittelten sie die Botschaft: *Sei nicht zu sexy!* Wollten diese Mütter, dass ihre Töchter ein asexuelles Schönheitsideal verkörperten? Oder wollten sie die Töchter klein und minderwertig halten, damit sie ihnen, den Müttern, ähnlicher waren?

Dreimal waren es ebenfalls übergewichtige Freundinnen, die ein Interesse daran hatten, dass die dicke Frau dick blieb. Das Abnehmen war auch ein gemeinsames Anliegen, ein unerschöpfliches Thema unter den Freundinnen. Nimmt dann eine ab, schert sie aus dem Club der Dicken aus und verliert deren *Solidarität.*

Einige Male wurden die Ehemänner und Liebhaber als Personen genannt, die sich *verraten* fühlen könnten, wenn die übergewichtige Frau an Gewicht verlieren würde. Dies könnte auf das dann veränderte Machtgefälle in der Beziehung hindeuten.

»Ich esse, um meine Ehe zu retten«, sagte eine der befragten Frauen. »Wenn ich abnehme, verlasse ich meinen Mann, denn dann habe ich es nicht mehr nötig, bei so einem Gefühlskrüppel zu bleiben. Aber ich habe auch eine große Angst, ihn zu verlassen. Vielleicht finde ich ja keinen anderen Mann mehr, und alleine bleiben möchte ich nicht.« (32 Jahre, 104 kg)

Manche übergewichtigen Frauen scheinen sich mit Hilfe des Fettes *brav, tugendhaft und asexuell* zu halten. Dazu ein kleiner Witz:

Warum wiegen verheiratete Frauen mehr als Singles?

Singles kommen nach Hause, sehen, was im Kühlschrank ist, und gehen ins Bett.

Verheiratete Frauen kommen nach Hause, sehen, was im Bett ist, und gehen zum Kühlschrank.

Was wäre, wenn die Frauen nicht zum Kühlschrank, sondern in die Kneipe gingen?

»Das Fett verhindert, dass ich den Männern gefalle. Aber es verhindert auch, dass die Männer *mir* gefallen. Denn wenn mir jetzt einer gefallen könnte, dann sage ich mir: Vergiss es, dem gefällst du sowieso nicht«, berichtet eine 32-jährige verheiratete Frau. Der Kelch der Versuchung geht damit an ihr vorüber. Auf diese Weise kann das Fett tatsächlich Ehen und Beziehungen »retten«.

Das Fett als gute Mutter?

»Nach der Spiegelungs-Übung hatte ich das Gefühl, als wäre plötzlich eine Schleuse zu einem tieferen Punkt meines Unterbewusstseins geöffnet worden«, schrieb mir eine übergewichtige Klientin nach einer Therapiestunde, in der wir eine kleine Übung zur Funktion des Fettes gemacht hatten. »Plötzlich wurde mir bewusst, dass mein Fett es gut mit mir meint, dass es mich schützen muss und eine Art Mutterrolle übernommen hatte. Ich war total erschüttert, denn all die Jahre hatte ich versucht abzunehmen. Ich hatte geglaubt, dass mein Fett etwas Böses sei und mir übel wolle. Ich habe das Fett gehasst. Plötzlich spürte ich zum ersten Mal so eine Art Zuneigung. Mir wurde klar, dass ich es noch brauche – als Schutz. Dies wurde mir dann noch stärker bewusst, als ich bald danach einen Fressanfall hatte. Nach dem zweiten Teller war ich satt und sagte mir, dass ich jetzt eigentlich aufhören könnte. Ich wollte aber bewusst weiteressen, denn eine Stimme sagte mir, dass wenn ich nicht weiteresse, ich ja abnehmen könnte. Ich war richtiggehend schockiert.

Einige Zeit darauf wurde im Fernsehen eine Hypnose-Show gezeigt, in der Leute, die abnehmen wollten, hypnotisiert wurden. Es wurde ihnen suggeriert, dass ihr Fett etwas Ekliges sei, das sie schnell loswerden könnten. Etwas in mir protestierte gewaltig gegen diese Suggestion und war empört, dass man das Fett so respektlos behandelte, denn es liebt einen doch!«

Das Fett als gute Mutter? *Das Fett nährt, schützt und wärmt.* Und zwar auf einer ganz konkreten, physischen Ebene. Dasselbe tut eine gute Mutter – zumindest für ein Baby. Die Mutter eines Babys muss es auch vor Reizüberflutung schützen. Sie sorgt dafür, dass das Kind Ruhe und genügend Schlaf bekommt.

Außer Nahrungsreserve, Schutz, Pufferfunktion und Wärme-Isolation bietet das Fett physisch gesehen weiter nichts. Die übrigen Bedürfnisse, die eine gute Mutter befriedigt, wie beispielsweise Reizabschirmung, Ruhe, Entspannung, Geborgenheit und Schlaf, muss sich die betroffene Frau selbst geben. Das kann sie aber nur, wenn sie diese Bedürfnisse rechtzeitig spürt. Und wenn sie sich nach außen abgrenzen kann und darf.

»Mich nach außen abgrenzen, das getraue ich mich oft nicht«, meint Petra S. »Draußen fresse ich zuviel in mich hinein. Als Sekretärin gehört es ja auch zu meinem Job, es allen recht zu machen. Und zu Hause bin ich dann völlig ausgepowert und froh, wenn ich mich mit einer Schüssel Erdnussflips vor den Fernseher verziehen kann. Das ist der schönste Moment des Tages.«

Fast alle übergewichtigen Frauen verwechseln Vielessen mit dem Fett. Den Essanfall und den damit verbundenen sozialen Rückzug kennen schlanke Essgestörte auch. Diese kämen aber nicht auf die Idee, das Körperfett mit einer warmen *Kuscheldecke* zu assoziieren. Die schlanken Essgestörten verbinden den Essanfall ebenfalls mit Reizabschirmung, Ausblenden unangenehmer Gefühle, Geborgenheit und dem tollen Gefühl, aus dem Vollen zu leben. Denn:

»Wenn ich schlank wäre, dürfte ich mich überhaupt nicht mehr gehen lassen«, meint eine 42-jährige Erzieherin.

»Wenn ich schlank wäre, würde ich mich immer geschmackvoll und passend kleiden. Auch die Accessoires würden immer stimmen«, schreibt eine dicke Frau anonym. Und eine andere:

»Wenn ich dünn wäre, dürfte ich nie mehr essen, um mich zu entspannen.« Und: »Wenn ich dünn wäre, wäre es sehr anstrengend, so perfekt zu sein.«

Wenn man längere Zeit mit dicken Frauen arbeitet, fällt Folgendes auf: Dünn sein heißt für viele von ihnen, *perfekt* zu sein. Aber:

BEDENKEN SIE:
Während Frauen, die nie in ihrem Leben schlank waren, glauben, die Perfektion käme mit dem Schlanksein ganz von alleine, wissen Frauen, die große Gewichtsschwankungen durchgemacht haben, dass Perfektion verdammt anstrengend ist.

Dicksein als Verweigerung

»Dicksein ist anstrengend«, sagt Petra. »Wenn ich ständig 30 kg Übergewicht mit mir herumschleppe, bin ich abends völlig kaputt. Alles ist mühsam, das Gehen, das Stehen, das Bücken, das Sitzen. Ja sogar das Atmen.« Und dennoch sorgen Petra S. und viele andere Frauen mit jedem Fressanfall dafür, dass sie dick bleiben. Das ist doch kein Zufall.

»Als ich so viel abgenommen hatte, musste ich sonntags ständig mit meiner Familie Radtouren mitmachen. Das kostete zwar viele Kalorien, aber ich hätte lieber meine Ruhe gehabt. Jetzt wo ich wieder dick bin, schaffe ich keine Radtouren mehr. Einerseits genieße ich das, andererseits bekomme ich dann aber auch ein schlechtes Gewissen.« Die Frau, die mir dies berichtete, darf offensichtlich nur zu Hause bleiben, wenn sie zu dick zum Radfahren ist.

Neulich erzählte mir eine Frau, dass sie, wenn sie dick sei, kaum noch an die Luft gehe. Wenn sie schlank sei, sei sie aber sehr viel draußen. Ich überlegte mir dann, ob diese Frau nicht von Natur aus eher ein Stubenhocker sein könnte.

»Dürfen Sie sich nicht zurückziehen, wenn Sie schlank sind?«, fragte ich sie.

»Nein«, meinte sie, selbst ganz erstaunt, »wenn ich mich zurückziehen würde und schlank wäre, dann käme ich gar nicht mehr heraus.«

Wir überlegten dann gemeinsam, was das denn konkret heißen könnte. Wir fanden keine Lösung. Als ich die Frau später wieder traf, hatte sie eine Antwort:

»Durch das Schlankwerden arbeite ich mich langsam wieder aus meinem Kokon heraus. Und dann kann ich wieder rausgehen und mich zeigen.«

Aber warum muss man sich erst mühsam aus einem mehr oder weniger fiktiven Kokon herausarbeiten? Ob diese Frau sich als dick oder akzeptabel ansah, hing gerade mal an zehn Kilo.

Der dicke Zustand sitzt bei vielen Frauen im Kopf.

»Wenn ich schlank wäre, würde ich in die Karibik fliegen und wieder mehr ins Theater gehen«, schrieb eine Frau im Fragebogen. Diese Frau wog 67 kg und sollte bei meiner Umfrage nur deswegen mitmachen, weil sie einmal 85 kg gewogen hatte. Die Scham aber hatte sie mit den Pfunden nicht verloren.

»Wenn ich schlank wäre, hätte ich viele Verehrer«, meinte eine 37-jährige Frau mit 83 kg. »Aber ich hätte dann nur auf meinen Körper bezogene Aufmerksamkeit. Ich hätte dann Angst, nur wegen meiner Figur begehrt und gemocht zu werden.« Es ist die Angst, *austauschbar zu sein*. Schlanke Frauen gibt es viele. »Ich würde mich dann vom Durchschnitt nicht mehr abheben«, schreibt dieselbe Frau.

Eine andere Frau (38 Jahre, 83 kg) drückt es selbstbewusster aus: »Entweder mögen mich die anderen so, wie ich bin, oder eben nicht. Wenn ich mich zuerst einmal verändern muss, bevor mich die anderen mögen, dann finde ich das sehr kränkend, denn es heißt, meine Person ist nicht gut genug. Durch die Diäten zeige ich der Umwelt, dass ich mich ja bemühe. Aber durch das Fressen sage ich: ›Ihr könnt mich alle mal am A... lecken!‹« Wer dick ist, konkurriert auch nicht mehr mit den Dünnen. Das hat etwas sehr Entspanntes.

»Ist der Ruf erst ruiniert, lebt es sich ganz ungeniert« heißt es im Volksmund. Diese Protesthaltung zieht sich hinein bis in die Essprotokolle. Eine übergewichtige Frau sollte beobachten, wie ihre Abgrenzung mithilfe des Essens konkret aussieht, also an welcher Stelle sie zu viel isst.

Diese Frau hatte sich mal wieder auf Diät gesetzt. Sie schrieb: »Habe eine Tafel Schokolade gegessen, obwohl ich laut Diätplan nichts mehr essen durfte. Bin heute großzügig mit mir. Habe auch bereits Alkohol getrunken, der mir nicht zustand laut Plan.« Und als sie dann nicht genügend abgenommen hatte und sich wieder streng an ihren Diätplan hielt, notierte sie: »Ich bin heute sehr streng und ungerecht zu mir.« Hier wird klar: Viel essen heißt: großzügig mit sich sein; wenig essen heißt: sich selbst bestrafen.

Setzen wir Essen mit Liebe gleich, dann wird das Bild noch klarer: *Essensentzug heißt dann Liebesentzug*. Und Liebesentzug lässt sich schlecht aushalten. Mit einem Fressanfall geht dann so manche Frau gegen einen wie auch immer gearteten Liebesentzug vor. »Mein Essen ist immer da, wenn ich es brauche. Es lässt mich nie im Stich«, bekräftigt Petra S.

Das Essen macht also ein Stück weit innerlich autark. Und das Dicksein signalisiert nach außen: Ich lasse mich nicht mehr in ein Schema pressen, sondern sprenge alle Grenzen. Ich mache nicht mehr mit im Rüstungswettlauf um die tollste Figur, das attraktivste Aussehen. Ich löse mich von diesen Normen. *Das Dicksein zeigt: Ich protestiere gegen diese oberflächliche Welt!*

Das Fett als Tarnkappe

Ist Ihnen schon einmal aufgefallen, dass die Frauen an den Ladenkassen häufig dick sind? Je mehr Publikumsverkehr, desto dicker die Kassiererin? Gibt es da einen Zusammenhang?

Vielen Menschen ist es sehr unangenehm, den ganzen Tag von fremden Menschen angeschaut zu werden (Tieren ergeht es da nicht anders). Denken Sie an den »bösen Blick«, gegen den es zum Beispiel in Italien und Griechenland auch heute noch Schutzamulette zu kaufen gibt.

Eine Kassiererin ist vielen Blicken ausgesetzt. Jeder Handgriff, jede Gesichtsregung wird registriert. Undenkbar, dass sie in der Nase bohrt oder sich ausgiebig kratzt. Ein ranghöherer Angestellter mit Einzelzimmer kann sich frei bewegen. Er wird durch Zimmerwände in seiner Intimsphäre geschützt. In Berufen, in denen vor allem ungelernte Frauen arbeiten, gibt es oft *keine Intimsphäre*. Es ist daher sicher kein Zufall, dass Übergewicht in den unteren Gesellschaftsschichten stärker verbreitet ist.

»Als ich meine neue Stelle antrat, wurde ich in ein Großraumbüro gesetzt«, berichtete eine Übersetzerin, die in kürzester Zeit 15 kg zugenommen hatte. »Ich merkte zwar, dass ich mich immer beobachtet fühlte, machte mir aber keine Gedanken darüber. Nur nahm ich innerhalb von vier Monaten irre zu.« Besonders schlimm war, dass ihr genau gegenüber eine mit ihr rivalisierende Kollegin saß. Als der Zusammenhang zwischen den »bösen Blicken« und der Gewichtszunahme klar war, fand die Frau eine gute Lösung. Sie stellte mehrere große Pflanzen so auf, dass sie die Rivalin nicht mehr direkt sehen konnte – und nahm langsam wieder ab. Bei einer anderen Frau hätte diese Lösung vielleicht nicht funktioniert. Sie hätte möglicherweise das Gefühl gehabt, jetzt lauere die Rivalin im Busch.

Das Fett als Versteck und als Tarnkappe. Ist es nicht eher ein ungeeignetes Versteck, da eine dicke Frau mehr auffällt als eine schlanke?

»Nein«, sagt Petra S. »Bei einer dicken Frau fällt ja nur das Fett auf und nicht die Frau. Wenn ich für mein Fett verachtet werde, dann habe ich das Gefühl, diese Leute kennen mich ja gar nicht, also gilt die Verachtung nicht meiner Person.«

Ist das Fett also eine Art Verkleidung?

»Durch das Fett gebe ich Gewicht und Stärke vor, die ich in Wirklichkeit nicht habe«, sagt Petra dazu. Also wie bei den Tieren (siehe *Bluffen, panzern und tarnen*, Seite 105ff.).

Was ist es konkret, das die Frau verstecken möchte?

»Mein wahres Ich«, sagt Petra. Auf meine Frage, was denn ihr »wahres Ich« sei, weiß sie keine Antwort. Kann es sein, dass Petra und mit ihr viele dicke Frauen ihr wahres Ich nicht kennen? Dass diese Frauen ganz früh einen Teil von sich wegpacken, verstecken mussten? Dass sie einen Schatz vergraben mussten? Schätze vergräbt man, wenn draußen Krieg herrscht. Wenn geplündert wird, wenn man nicht weiß, ob das eigene Haus noch sicher ist. Wenn unklar ist, ob man überlebt. Kurz gesagt: in Momenten der höchsten Gefahr.

BEDENKEN SIE:

Jede dicke Frau musste einen Schatz vergraben. Dieser Schatz ist der ausgestoßene Teil ihres Wesens. Der Teil, den in ihrer Kindheit niemand sehen und niemand haben wollte, weil sie für andere funktionieren musste.

Ihr Schatz liegt nicht nur unter ihrem Fett begraben, sondern auch unter den Eigenschaften, die sie nach außen hin zeigt. Unter ihrem Image. Es ist das Image der servicebereiten Partnerin und Mutter, der freundlichen Kundin, der hilfsbereiten Nachbarin, der verständnisvollen Kollegin. Das vernünftige Kind, das diese Frau frühzeitig sein musste, hat einmal den Schluss gezogen: *Wenn ich immer so bin, wie meine Eltern mich haben wollen, dann mache ich es allen Leuten recht, und ich werde geliebt, anerkannt und gehöre dazu.*

Die gute Tochter

PHANTASIE-ÜBUNG

***STELLEN SIE SICH VOR,** Sie sind in Mutters oder in Ihrer Küche, und Sie kochen mit Ihrer Mutter ein gemeinsames Menü.*
Achten Sie darauf, wie alt Sie sind und was Sie anhaben. Wie ist die Atmosphäre in der Küche? Wie geht Ihre Mutter mit Ihnen um? Gibt sie Ihnen Befehle nach dem Motto: Mach dieses, mach jenes? Lässt sie Sie selbstständig arbeiten? Fragt sie Sie gar um Rat? Ist die Atmosphäre harmonisch? Hektisch?
Dann stellen Sie sich vor, dass Sie immer dicker werden ... Nun sind Sie sehr, sehr dick. Was haben Sie jetzt an? Was tun Sie?
Wie geht Ihre Mutter mit Ihnen um? Wie geht es Ihnen damit?
Nach einiger Zeit: So, nun dürfen Sie wieder dünner werden. Immer dünner, bis Sie Ihre Traumfigur haben. Was haben Sie jetzt an? Was tun Sie? Wie geht Ihre Mutter jetzt mit Ihnen um? Und wie kommunizieren Sie mit Ihrer Mutter?

Diese Phantasie-Übung bringt einiges aus der Mutter-Tochter-Beziehung ans Licht.

»Mit meiner Mutter zu kochen ist immer schwierig«, meint Petra S. nach der Übung.

»Nur sie weiß, wie man es ›richtig‹ macht. Andere Meinungen lässt sie nicht gelten. Als ich in der Übung dick war, fühlte ich mich wie ein gestrandetes Walross. Ich trug einen alten Jogginganzug und hatte in der engen Küche meiner Eltern kaum Platz. Meine Mutter war zu mir herablassend, missbilligend, ja arrogant. Sie schrieb mir bis ins Kleinste vor, was ich zu tun hatte und wie. Meine Mutter stellte die Regeln auf, und ich versuchte, ihnen zu entsprechen. Sie mäkelte aber an allem herum. Ich konnte es ihr nie recht machen.«

Petra ist sichtlich aufgewühlt.

»Als ich dann meine Traumfigur hatte, war ich meiner Mutter überlegen. Ich stand über ihr. Sie fragte mich sogar um Rat, respektierte mich. Meine Mutter ist ja auch recht mollig, und jetzt war ich plötzlich schlanker als sie. Irgendwie stand mir das nicht zu. Meine Mutter war, glaube ich, neidisch auf mich. Ich hatte etwas geschafft, was sie nicht geschafft hat.«

Dieses Muster konnte ich bei vielen dicken und anderen essgestörten Frauen beobachten: eine *heftige Rivalität zwischen Mutter und Tochter.* Dick sind die Frauen ihren Müttern »unterlegen«, dünn sind sie ihnen »überlegen«, sie sind die »Siegerinnen«. *Dick werden sie von ihren Müttern verachtet. Dünn werden die Töchter mehr respektiert, aber wenn sie wegen ihrer Traumfigur die besseren Karten haben, dann fühlen sie sich schuldig.* Warum schuldig? Erinnern wir uns an die Worte des Familientherapeuten Bert Hellinger:

»Wenn wir eine Lösung anstreben, dann weichen wir von dem ab, was bisher in unserer Familie gegolten hat, und wir fühlen uns schuldig. Deswegen gibt es Lösungen nur über Schuld und den Mut zu dieser Schuld, und davor schrecken die meisten zurück. Die Lösung und das Glück werden als gefährlich erlebt, denn sie machen einsam. Bei Problemen und beim Unglück dagegen ist man immer in guter Gesellschaft.«[29]

Ist es Mutter und Tochter dann doch lieber, wenn die Tochter dick und damit »unterlegen« ist?

»Als ich in der Übung dick war«, sagte eine Frau von 95 kg, »habe ich in der Küche meiner Mutter souverän gekocht. Ich strahlte eine gewisse Feindseligkeit aus, und meine Mutter wagte es gar nicht, mich zu kritisieren. Es gab kein Miteinander mit meiner Mutter.« Die Mutter dieser Frau ist in der Realität eine Super-Hausfrau und wacht sorgsam darüber, dass es ihre Tochter dem angebeteten Schwiegersohn recht macht. Die Tochter ist in der Realität noch häufig unterwürfig, da sie fürchtet, dass die Mutter gekränkt reagiert. Mit dem imaginierten zusätzlichen Fett konnte sie sich *souveräner* verhalten.

»Als ich schlank war, flitzte ich flink durch die Küche«, berichtet dieselbe Frau weiter. »Ich war total hektisch und kochte alles gleichzeitig. Meine Mutter kam gar nicht mehr hinterher. Sie versuchte mich zu stoppen, aber das prallte an mir ab. Auch im dünnen Zustand gab es kein Miteinander.«

Es gab *nie ein Miteinander von Mutter und Tochter*. Weder bei Petra S. noch bei dieser zweiten Frau. *Es gibt nur Überlegenheit oder Unterlegenheit*. Wer überlegen ist, fühlt Schuld, wer unterlegen ist, spürt Groll. Wenn Schuld für dicke Frauen schwerer zu ertragen ist als Groll, dann verstehen wir, dass sie lieber dick und damit unterlegen bleiben. Der Umgang mit Wut ist für viele Frauen ein eigenes, oft noch tabuisiertes Kapitel.

Eine Frau, die mit ihrer Mutter nicht konkurrierte, da die Mutter eine freundliche, eher unterwürfige Person ist, hatte ein ganz anderes Erlebnis in der Übung:

»Als dicke Frau war alles sehr harmonisch. Meine Mutter und ich kochten gleichwertig und ausgeglichen vor uns hin. Jeder fiel immer wieder etwas ein, was man noch machen oder verbessern könnte. Ich war innerlich ruhig und entspannt und fühlte mich geborgen. Meine Figur war kein Thema.

Als ich dann schlank war, fühlte ich mich exponiert, schutzlos. Meine Mutter reagierte auch nicht auf meine Traumfigur. Die Figur spielte in unserem Verhältnis einfach keine Rolle. Irgendwie hatte ich immer ein bisschen Angst, ich könnte mich anstoßen, da mir der Puffer des Fettes fehlte und meine Knochen mehr herausstanden als jetzt. Positiv an der dünnen Version war aber, dass ich jetzt in der Küche mehr Platz hatte.«

Diese Frau wiegt in der Realität 101 kg und könnte mit dieser Figur gut leben, wenn ihr die Umwelt nicht suggerieren würde, dass sie nicht in Ordnung sei.

Schauen wir uns die »Groll-Schuldgefühl-Falle« aber noch genauer an. Wenn eine Frau nun eine Mutter hat, die ihr suggeriert: »Sei unterlegen, indem du dicker bist als ich«, dann bekommt diese Frau bei jeder Gewichtsabnahme Angst. Es ist die *Angst vor dem Verlust der Bindung, vor Illoyalität, Treuebruch und Verrat*. Eine Frau, die es allen recht machen will, weil sie glaubt, dann geliebt zu werden, kann sich diese Gefühle nicht leisten. Um geliebt zu werden, muss sie ihre Wut und ihr Nein hinunterschlucken. Nur das Fett darf für sie stellvertretend nein sagen.

Ich will bleiben, wie ich bin!

Wie dürfen Sie, wenn Sie schlank sind, *nicht* mehr sein? Wie dürfen Sie sich *nicht* mehr fühlen? Hier die Antworten der befragten Frauen:

- Ich dürfte mich *nie mehr satt essen*. Die ständige Angst, wieder zuzunehmen würde mir stets im Nacken sitzen.
- Ich darf mich *nie mehr gehen lassen*. Darf nichts mehr aufschieben, und ich darf auch keine Angst mehr haben vor Neuem.
- Als Schlanke dürfte ich mich *nicht mehr ohnmächtig, wertlos und deprimiert* fühlen.
- Wenn ich das Essen nicht mehr hätte, dann wäre ich sehr einsam. Das Essen ist das Einzige, was immer da ist, wenn ich es brauche. Das ist bei Menschen nicht so.
- Wenn ich meine Traumfigur habe, dann darf ich *nicht mehr nein sagen*. Dann habe ich keine Ausrede mehr.
- Schlank darf ich *nicht mehr erfolglos sein*. Ich darf mir *keine Pausen* mehr gönnen, nicht mehr abschlaffen und *nicht mehr faul sein*.
- Schlank darf ich *nicht mehr schlecht gelaunt* sein. Ich muss Veränderungen akzeptieren und darf mich *nicht mehr so anstellen* wie bisher.

- Ich darf *nicht mehr die Kontrolle verlieren oder versagen.* Wenn ich schlank bin, zählt alles.
- Die Leute würden mit mir anders umgehen: rücksichtsloser, fordernder, aggressiver. Ich würde *nicht mehr geschont* werden, und dann müsste ich damit irgendwie umgehen. Ich dürfte mich *nicht mehr schutzlos* fühlen.
- Ich müsste *mehr Druck aushalten.*
- Ich müsste *aktiver sein, agiler, mehr leisten.*

Wenn das Fett vor diesen Anforderungen schützen soll, dann ist natürlich jede Diät eine Bedrohung. Es steht ja mehr als ein paar Kilo Körperfett auf dem Spiel. Zwei Frauen drückten es besonders drastisch aus:

- Wenn ich schlank wäre, dann hätte ich gar *keine Freiheit* mehr.
- Durch das Schlanksein würde ich *den Sinn meines Lebens verlieren.*

Wie kann das Fett dem Leben *Sinn* geben? Oder *Freiheit?* Denkbar wäre, dass die Frauen dadurch, dass sie »sowieso zu dick« sind, eine Art Freiraum bekommen, in dem sie sich der gesellschaftlichen Norm entziehen können. Wer gibt diese Norm vor? Frauenzeitschriften, Fernsehsendungen, andere Frauen oder Männer? Ja, sicher, doch dies ist nicht der springende Punkt. Viel wichtiger ist, dass sich die *dicken Frauen gar nicht berechtigt fühlen, eigene Bedürfnisse, Impulse und Wünsche auszuleben.*

Durch das Fett schieben sie sich selbst aus dem Blickfeld jener, die etwas von ihnen wollen könnten und erholen sich im »Schlaraffenland«. Um dann hinterher vor lauter Schuldgefühlen noch besser zu funktionieren.

Dicke Frauen glauben, wenn sie dick sind und bleiben, dann könnten sie bleiben, wie sie sind. *Wie aber sind sie in Wirklichkeit, außerhalb des dicken und dünnen Selbstbildes?* Sie spüren, dass das dünne Selbstbild auf die Dauer doch zu anstrengend wäre, und vor allem, dass es ihnen in Wahrheit doch gar nicht entspricht. Sie glauben, dann auf das dünne Selbstbild verpflichtet zu werden. Auf Unbeschwertheit, Bewunderung und schlagartige Lösungen.

Weder das dicke noch das dünne Selbstbild geben inneren Frieden. Beide Selbstbilder sind schwer konfliktbehaftet, was die meisten Frauen aber erst bemerken, wenn sie schon viel an sich gearbeitet haben.

FAZIT:

Sie sehen selbst, es führt kein Weg daran vorbei, erst einmal herauszufinden, wer Sie eigentlich sind. Welche Eigenschaften, Bedürfnisse, Wünsche und Schwierigkeiten jenseits Ihrer Figur, jenseits der heilen Welten und jenseits gesellschaftlich vorgegebener Schablonen zu Ihnen gehören.

IX Was wollen Sie wirklich?

Jenseits der heilen und unheilen Welten

Das dicke und das dünne Selbstbild sind Extreme – pechschwarz und blütenweiß. Ihre reale Figur liegt irgendwo dazwischen, entspricht also einem Grauton irgendwo zwischen Lichtgrau und Anthrazit. Wie stark Ihr »Heile-Welt-Syndrom« ausgeprägt ist, steht nicht unbedingt in linearem Zusammenhang mit Ihrem Gewicht. Es hängt davon ab, wie dick Sie sich *einschätzen* und wie sehr Sie sich wegen Ihres Fettes *schämen*. Der Knackpunkt ist die *unselige Kopplung von Figur und Gefühl.*

Holen Sie sich nochmal die dünne heile Welt und die dicke unheile Welt vor Ihr geistiges Auge. Beide Welten sagen viel über Ihre Wünsche, Bedürfnisse und Ängste aus. Die dünne heile Welt war bei den meisten Frauen mit *Bewunderung durch ihre Umwelt, Souveränität, Unbeschwertheit, viel Energie, Spontaneität, Lebensfreude und Zugehörigkeitsgefühl* verbunden.

Das klingt auf den ersten Blick alles sehr positiv. Wenn wir all diese guten Dinge aber genauer anschauen, dann fällt uns auf, dass das Schlanksein mit einem riesengroßen *Optimismus* gepaart ist. Es ist alles gut. Was aber ist *ES*? Manche Frauen gehen in den Übungen sogar so weit, dass selbst das Wetter schön ist, wenn sie sich vorstellen, dass sie schlank sind. Ahnen Sie etwas? Nein? Dann schauen wir uns mal die dicke unheile Welt an.

In der dicken unheilen Welt stellten sich die meisten Frauen vor, dass sie nun einen Zustand erreicht hatten, in dem es *kaum noch schlimmer kommen* konnte. Die dicke unheile Welt war gekoppelt mit *Isolation, Opferhaltung, Mitläufertum, Passivität, viel Scham und Kränkungen*. Das Fett gab die Berechtigung dazu, sich zurückzuziehen und in Bezug auf die ganze Welt pessimistisch zu sein. Dieser *Pessimismus* ist genauso absolut wie im dünnen Zustand der Optimismus.

Es wird Ihnen klar geworden sein, dass *beide Welten mit einem verzerrten Bild von Macht und Kontrolle zu tun haben*. Der Optimist sagt, *es* wird alles gut. Der Pessimist sagt, *es* ist alles mies. Ein Mensch mit einem guten Selbstvertrauen hingegen sagt: *Egal was kommt, ich werde es bewältigen!*

Als ich eine Klientin, die keinen Führerschein hat, nach einer Dick-Dünn-Übung fragte, ob sie im dünnen Zustand denn selbst mit dem imaginierten Auto gefahren sei, antwortete sie: »Nein, da hatte ich das nicht nötig. Selbstverständlich wurde ich da gefahren!« Als Dünne hatte sie *magischen Einfluss* auf die Umwelt. Als Dicke hatte sie *überhaupt keine Macht und keinen Einfluss* mehr. Als Frau mit gut entwickeltem Selbstwertgefühl hätte sie den Führerschein gemacht und wäre *selbst* gefahren.

Etwas *selbst* anpacken, Kompetenzen *erwerben*, die Dinge *tun*, die für ein besseres Leben nötig sind. Genau daran fehlt es mancher dicken Frau!

»Welche Eigenschaften oder Kenntnisse hätten Sie gerne?«, fragte ich 20 dicke Frauen. Die meisten Frauen wünschten sich mehr Durchhaltevermögen, Durchsetzungsfähigkeit, mehr Bildung und Kenntnisse, vor allem Sprachkenntnisse. Auch Gelassenheit und Geduld mit sich selbst wurden recht häufig genannt. Die gute Nachricht ist: All dies kann – ja, muss – man *selbst* aufbauen! Wer eine Sprache lernt, lernt gleichzeitig, geduldig und ausdauernd zu sein. Auch wer das Spielen auf einem

Musikinstrument lernt, erwirbt automatisch Geduld und Ausdauer.

»Als Kind hatte keiner Geduld mit mir. Weder meine Mutter noch mein Stiefvater. Auch die Lehrer in der Schule nicht. Keiner nahm sich die Zeit, mir die Dinge so zu erklären, dass ich sie verstanden hätte. Ich bekam rasch das Gefühl, dass ich ein bisschen dümmer als andere bin. Aus Scham getraute ich mich oft nicht, nochmals nachzufragen«, klagt Petra S. Später wusste sie sich dann aber selbst zu helfen: Sie las sich vieles an. Damit wurde sie selbst aktiv.

Nur wenn Sie selbst aktiv werden, verbessern Sie Ihr Selbstwertgefühl und Ihr Selbstvertrauen.

Wer in seiner Kindheit immer wieder hören oder spüren musste: »Sei anders, als du bist!«, sehnt sich nach einem Zustand, in dem er sich *nicht ändern* muss. Ein Kind, das immer wieder hören oder spüren muss: »Sei anders!«, fühlt sich zu Recht ungeliebt und abgelehnt. Es konserviert die Sehnsucht nach bedingungsloser Liebe. Jeder Mensch möchte als er selbst gesehen und in seinem So-Sein geachtet werden. Er möchte, dass er für die anderen gut genug ist, *so wie er jetzt gerade ist.*

Warum aber muss sich eine dicke Frau dann in heile und unheile Welten flüchten?

In den heilen und unheilen Welten ist keine Anstrengung nötig. Doch es ist auch keine Entwicklung, kein Wachstum mehr möglich. Die imaginierte Dünne ist schon perfekt (was immer das für die Einzelne sein mag), die imaginierte Dicke hat sich innerlich vor der Welt zurückgezogen. Die imaginierten Schattenseiten des Dünnseins – so haben wir gesehen – sind ja die Angst, wieder zuzunehmen, die Verpflichtung, pflegeleicht, immer gut gelaunt und erfolgreich zu sein. Die Sonnenseiten des Dickseins waren Bequemlichkeit, Entspannung und Verweigerung.

Aber: Sie müssen nicht dick bleiben, um sich zu entspannen. Und Sie müssen nicht schlank werden, um aktiv zu werden. Eine ehemalige Klientin schrieb mir dazu:

»Ich genieße es, mal tragisch zu sein, mal unbeschwert, mal aggressiv, mal zurückhaltend. Ich akzeptiere, dass ich viele, viele Seiten habe und es gar nicht schaffen kann, mich zu nur einer Seite zu bekennen. Ich lebe mal die eine Seite und mal die andere. Und ich lache! Ich lache meinem Horizont entgegen. Ich lache laut und tief und aus vollem Herzen. Ich bin lebendig. Ich lasse mich nicht mehr durch ›Nichtigkeiten‹ irritieren oder belasten.

Liebe Frau Göckel, ich glaube, ich kann nicht mehr zwischen dick und dünn unterscheiden. Ich bin bereits auf dem obigen Weg. Und es wird mich – dick oder dünn – den gleichen Mut und dieselbe Überwindung kosten. Der einzige Unterschied, wenn ich schlank wäre, wäre mein Äußeres. Ich würde dünn genauso weinen, und ich kann genauso gut aus voller Kehle lachen. Schlank würde dieser Weg nicht leichter sein. Mein Herz ist das gleiche!«

Wer seine Träume leben will, muss aufwachen

»Das Tollste am Fettsein ist, dass man sich in seiner Phantasie ein dünnes Bild von sich selbst schaffen kann. Das ideale Ich. Man kann wunderschön sein und beliebt und witzig und von allen geliebt. Man kann Hüften und Oberschenkel haben, die jedem gerade populären Ideal entsprechen. Wenn man fett ist, kann man durchs Leben schlendern und sich an dem Wissen hochziehen, dass sich unter der Oberfläche eine Person verbirgt, die alles, alles sein könnte, was man sich wünscht.«[30]

Diese gigantische Lebenslüge hält Sie davon ab, ehrliche Bilanz zu ziehen. Ich hoffe, Sie sind geschockt, wenn Sie sehen, wie viel Lebensenergie, Zeit und Kraft Sie der ständige Kampf gegen die Pfunde in Ihrem Leben gekostet hat und immer noch kostet. Gar nicht zu reden von den schmerzhaften Einbrüchen Ihres Selbstwertgefühls und Ihres Selbstvertrauens, wenn Sie wieder einmal »versagt« haben.

Wenn Sie sich einmal Ihre eigene Gewichtskurve aufmalen (siehe auch Seite 107f.) und feststellen, dass diese im Laufe der Jahre immer mehr nach oben ging, dann fragen Sie sich sicher nicht zum ersten Mal: *Wie ist es möglich, dass ich immer dicker werde, obwohl ich ständig versuche abzunehmen?* Natürlich spielen der so genannte Jojo-Effekt, die Vererbung und alle möglichen noch kaum erforschten biologischen Umstände dabei eine Rolle. Diese sollen uns aber an dieser Stelle nicht interessieren, da wir sie nicht verändern können.

Verändern können wir aber unsere Sichtweisen des Problems. Sie geben Ihrem Fett zu viel Macht, wenn Sie tief im »Heile-Welt-Syndrom« stecken. Wenn Sie ständig versuchen abzunehmen, dann ist die Frage angebracht, ob Sie sich durch die Versuche nicht selbst vom Abnehmen abhalten. Warum? Weil Sie durch die ständige Beschäftigung mit dem Essen und mit Ihrer Figur Ihr gesamtes Leben vernachlässigen und dabei die wirklich wichtigen Dinge nicht mehr sehen. Nach dem Motto »Man gönnt sich ja sonst nichts!« wird bei einem Diät lebenden Menschen das Essen überwertig und äußerst erstrebenswert.

Aber auch Essstörungen sollen uns hier nicht interessieren. Ich möchte Ihren Blick auf etwas anderes lenken. Ich möchte Sie fragen: *Wollen Sie wirklich, was Sie wollen?*

Beim Herausarbeiten des dünnen Selbstbildes haben wir ja gesehen, dass dicke Frauen, die sich in diversen Situationen schlank vorstellen, mehr Lebensfreude haben, dass sie unbeschwert, souverän und beliebt sind. Sie werden bewundert, gemocht und gehören dazu. Sie haben grenzenlose Energie, sind schön und haben ihr Leben im Griff.

»Klar«, sagt Petra S., »will ich, was ich will. Am liebsten hätte ich das alles, aber auch noch eine Super-Traumfigur, mit der ich alles essen kann, was ich will. In jeder Menge.«

»Das funktioniert nur«, erwidere ich amüsiert, »wenn Sie nur wenig essen *wollen*. Aber nehmen wir an, Sie hätten alles, was Sie sich wünschen. Wie würden Sie leben?«

Petra überlegt lange. »Harald wäre mir treu ergeben. Melanie wäre stolz auf mich. Meinen Job könnte ich aufgeben, weil ich mir vorstelle, dass Haralds Kanzlei so gut laufen würde, dass wir finanziell freier wären.«

»Und dann? Stellen Sie sich vor, Sie könnten alles machen, was Sie wollten«, fasse ich nach. Petra hat nämlich bis jetzt nur aufgezählt, wie *andere* sich optimalerweise verhalten würden. Aber was will *sie selbst*? Sie überlegt wieder längere Zeit. Dann meint sie:

»Tja, ich dachte eigentlich immer, dass ich in diesem Zustand schon *wunschlos glücklich* wäre. Aber jetzt spüre ich, dass dieser Zustand schnell *langweilig* wird. Jetzt müsste ich etwas machen, was *mir* Spaß macht. Da fällt mir auf die Schnelle nichts ein. Ich müsste vielleicht etwas ganz Neues lernen. Einen neuen Beruf vielleicht. Aber was?«

So wie Petra geht es vielen dicken Frauen. Sie glauben, durch die neue, schlanke Figur könnten sie das Verhalten der Umwelt steuern. Wenn dies wahr wäre, dann hätten schlanke Frauen tatsächlich fast alles im Griff.

Petra und alle anderen Menschen, die in ihrer Kindheit schwer gekränkt wurden und sich dadurch in ihren Familien ungeliebt, machtlos und nicht geborgen fühlten, wollten nur noch eines: weitere Kränkungen und Schmerzen vermeiden. Daraus zogen sie diese Schlussfolgerungen:

- Ich war unglücklich, weil mich *keiner liebte*, also werde ich glücklich sein, wenn mich *alle lieben*.
- Ich war unglücklich, weil ich *ohnmächtig und abhängig* war, also werde ich glücklich sein, wenn ich *alles unter Kontrolle* habe.
- Ich war unglücklich, weil ich mich von meiner Mutter zum Teil *abgelehnt* fühlte, also hoffe ich, bedingungslose Liebe zu bekommen, wenn ich *für andere die gute Mutter* bin.

Aus den alten Defiziten sind nun »Lebensaufgaben« geworden. Klar, wenn jemand einen starken Dauerschmerz hat, dann glaubt er, alles wäre gut, wenn nur der Schmerz nachließe. Lässt der Schmerz dann nach, stellt sich ein Zustand der Euphorie ein. Der hält einige Stunden an. Und dann? Dann wird der schmerzfreie Zustand selbstverständlich. Und der Kopf ist wieder frei für anderes. Was, wenn dann nichts anderes da ist?

BEDENKEN SIE:
Wer von allen geliebt werden will, sein Leben im Griff haben möchte und für alle die gute Mutter spielt, der zahlt einen hohen Preis: Der strengt sich ewig an und kann das Ziel nie erreichen. Der lebt nicht sein eigenes Leben, sondern läuft einem Phantom hinterher. Und der vergisst seine eigenen Träume!

Von eigenen Werten und Zielen

Was ist *Ihnen* wichtig im Leben? Was sind *Ihre* Werte? Was sind *Ihre* Ziele? Manche dicke Frau hat sich darüber noch keine großen Gedanken gemacht, sondern nach dem Prinzip gelebt: Erst werde ich mal schlank, und dann sehe ich weiter.

Mit dem Wunsch nach Schlanksein ist fast immer das Bedürfnis nach Selbstwerterhöhung, Akzeptanz durch *andere* und Bedeutung für *andere* verbunden. Die wenigsten dicken Frauen haben echte eigene Ziele. Als Herzenswünsche nannten die dicken Frauen: einen Partner, Kinder, ein schönes Haus, gute Freunde, ein besseres Selbstwertgefühl. Und sie kreuzten (mit nur einer Ausnahme) an, dass diese Herzenswünsche mit einer schlanken Figur leichter zu erfüllen sind.

Was sich durch alle Fragebögen durchzieht, ist der Wunsch, endlich von allen geliebt und akzeptiert zu werden. Dieser Wunsch hängt natürlich mit Kindheitserfahrungen zusammen, in denen die betroffene Frau entwertet wurde. Mal wieder die alten Defizite.

Aber etwas anderes fällt noch krasser ins Auge: Viele Frauen hatten *Endzustände* als Herzenswünsche angegeben:

- ein *erfülltes* und *interessantes* Leben
- *Zufriedenheit* mit der Beziehung
- eine *aufgeräumte* Wohnung
- *glücklich* sein
- einen *befriedigenden* Beruf
- eine *erfüllte* Beziehung

Es sind *Gefühle*, die als Herzenswünsche angegeben wurden. Vor allem Zufriedenheit und Erfülltheit standen auf der Wunschliste. Nur zwei Frauen gaben Herzenswünsche einer anderen Art an. Die eine schrieb: »Ich möchte ein Buch schreiben.« Und die andere: »Ich möchte an der Kunstakademie aufgenommen werden.« Diese beiden Frauen hätten sich auch wünschen können: »Ich möchte eine erfolgreiche Schriftstellerin oder Künstlerin sein.« Sehen Sie den Unterschied? Wenn ich mir wünsche, an die Kunstakademie zu gehen oder ein Buch zu schreiben, dann kommt erst einmal viel Arbeit auf mich zu. An dieser Arbeit beiße ich mir die Zähne aus. Und ich habe ab und zu Glücksmomente, wenn es gut läuft. So ist das Leben.

Zufriedenheit erreichen wir, indem wir aus eigener Kraft etwas schaffen und für etwas dankbar sind. Und wenn wir genießen können.

»Manchmal habe ich das Gefühl, dass ich für mein eigenes Wohlergehen selbst eigentlich überhaupt nichts tun möchte«, stellt Petra S. nachdenklich fest. »Diese Erkenntnis ist nicht schön. Sie zeigt mir aber auch, dass ich mich viel zu abhängig von anderen mache. Und wenn ich von anderen zu viel erwarte, werde ich sowieso frustriert. Ich fühle mich wie ein kleines Kind, das eine gute Mutter sucht. Eine, die es liebt und es achtet. Diese Mutter gibt es aber nicht mehr, das ist mir theoretisch klar.«

Wenn alte Defizite zu Herzenswünschen werden, geraten wir schnell in eine Falle: Defizite aus der Kinheit lassen sich in der Gegenwart nicht mehr so ohne weiteres beheben. Ein Partner oder eigene Kinder können uns nicht die bedingungslose Liebe und Anerkennung geben, die wir als Kind gebraucht hätten. Diese Erkenntnis ist sehr schmerzlich. Aber sie ist auch heilsam, denn sie öffnet uns die Augen für die eigenen Möglichkeiten.

Sich vollzuessen ist ein hilfloser Versuch, er-füllt zu werden. Aber auf der *körperlichen Ebene* kann er nur in einem *Völlegefühl* enden. *Es ist die Erfüllung auf der psychischen Ebene, die den Seelenhunger stillt.*

ÜBERLEGEN SIE EINMAL:
Was erfüllt Sie wirklich? Schöne Gespräche, gute Musik, ein schönes Hobby, bei dem Sie die Zeit vergessen? Hier liegt der Schlüssel zu Ihrem eigenen Glück. Und diesen Schlüssel haben Sie selbst in der Hand.

Hoch begehrt: das Wir-Gefühl

Die meisten Frauen verbanden mit dem dünnen Zustand ein *Gefühl der Zugehörigkeit*. Dieses Gefühl ist ein Grundbedürfnis eines jeden Menschen, also auch ein starker Wert. Aber Achtung: Zu wem möchten Sie gehören? Möchten Sie in eine bestimmte Gruppe aufgenommen werden? Oder suchen Sie eher das Gefühl, bewundert zu werden? Bewundert zu werden heißt noch lange nicht, dazuzugehören.

Eine Frau stellte sich im dünnen Zustand vor, sie sei Marilyn Monroe. Sie stand angeleuchtet auf einem Podest. Unten saßen undefinierbar die Zuschauer im Dunkeln. Alle himmelten sie an – aber gehörte sie dazu? Sie selbst fühlte sich nicht zugehörig.

Bert Hellinger nennt den Wunsch nach Zugehörigkeit »die Hauptursache unseres Handelns«. Ein Mensch ist ein Hordenwesen, und in der Wildnis ist der Ausschluss aus der Horde ein Todesurteil. Das steckt tief in uns drin. Hellinger: »Wenn einer geehrt ist in der Gesellschaft, hat er ein großes Recht auf Zugehörigkeit.«[31]

Im imaginierten dünnen Zustand sehen sich die dicken Frauen »geehrt«, indem sie bewundert werden. Aber gehört jemand, der bewundert wird, dazu? Unsere Sprache sagt, wenn jemand »hervor-ragend« ist, dann ist er nicht mehr auf derselben Ebene. Wenn jemand auf einem Sockel steht, ist er dann noch »einer von uns«?

Dicke Frauen sehen sich häufig als *gewissenhaft und loyal*. Nach Hellinger heißt Gewissenhaftigkeit, »das zu machen, was jeweils die Zugehörigkeit zu einer Gruppe sichert«. Er postuliert so etwas wie ein »Bindungsgewissen«. Gut ist dann, was der eigenen Gruppe nützt und was der anderen Gruppe schadet. Das Bindungsgewissen ruft Schuldgefühle hervor, wenn entgegen dem *Gruppencodex* gehandelt wurde. Besonders bei Gefahr wächst die »Binnengruppe« zusammen. Denken Sie beispielsweise an ein Land im Krieg oder auch an einen Fußballverein. Die Gegner werden verteufelt, es werden Uniformen bzw. gleiche Trikots getragen, um nach außen hin die jeweilige Zugehörigkeit zu demonstrieren, und es werden motivierende Lieder gesungen, um den Gruppenzusammenhalt zu stärken. Ich nehme nicht an, dass Sie diese Art von Zugehörigkeit suchen.

Ist Ihr Wunsch nach Zugehörigkeit der Wunsch nach Wärme, Gemeinsamkeit und Geborgenheit? Diese Bedürfnisse hätten eigentlich unsere Herkunftsfamilien befriedigen müssen. Waren aber Abwertungen, Gewalt und Ausgrenzung an der Tagesordnung, so blieb auch hier ein Defizit, das der Erwachsene noch mit sich herumträgt.

Zum Erwachsenwerden und zur menschlichen Reifung gehört aber auch die *Abgrenzung*, der »Ungehorsam«. Wer immer nur macht, was die Mutter erlaubt, bleibt auf der Ebene eines Kindes. Wer immer nur macht, was der Lehrer erlaubt, bleibt auf der

Ebene eines Schülers. Und wer nur tut, was die Gruppe erlaubt, bleibt unmündig und unselbstständig. Ist es das, was Sie wollen? Dann hieße Ihr Wert: keine Verantwortung übernehmen.

In meinem Fragebogen fragte ich die Frauen, ob und wo sie schon einmal ein Wir-Gefühl hatten. Alle Befragten hatten schon mehrfach ein Wir-Gefühl erlebt. Von den 23 Frauen, die diese Frage beantwortet haben, nannten 16 ihren *Arbeitsplatz als die Hauptquelle für Wir-Gefühle*. Mit riesigem Abstand war dies die häufigste Nennung. An zweiter Stelle mit neun Nennungen folgten *Freundinnen*, mit denen gefeiert, gelacht und getratscht wurde. An dritter Stelle folgte die *eigene Familie* (vor allem die eigenen Kinder, die Männer weniger häufig). Einzelnennungen gab es noch für Hobbys wie Chor, Kirchengemeinde, Sport, Fitness-Center, Tanzkurs, Theatergruppe. Nur drei Nennungen galten den *Geschwistern*. Das Schlusslicht bildeten mit nur zwei Nennungen die *eigenen Eltern*!

Und genau da liegt der Hund begraben! In der Kindheit zutiefst verletzte und gekränkte Kinder entwickeln »kein Zusammengehörigkeitsgefühl, kein Gefühl des ›wir‹, sondern eine tiefe Unsicherheit und vage Furcht, für die ich den Ausdruck Grundangst verwende. Diese Grundangst ist das Gefühl des Kindes, isoliert und hilflos in einer Welt zu sein, die es als latent feindlich empfindet. Der einengende Druck seiner Grundangst hindert das Kind daran, sich anderen mit der Ungezwungenheit seiner wahren Gefühle zu offenbaren, und zwingt es, Wege zu finden, um mit ihnen fertig zu werden«, schrieb die Psychoanalytikerin Karen Horney schon vor über 50 Jahren.[32]

Nach Karen Horney gibt es dann im Wesentlichen drei Wege, mit dieser Grundangst umzugehen. Ein Mensch kann sich von den Menschen *abwenden*, sich an sie *klammern* oder gegen alle *kämpfen*. Wie wir gesehen haben, schwanken viele dicke Frauen zwischen klammern, es anderen recht machen und sich aus dem sozialen Umfeld zurückziehen. Aber das hat primär nichts mit dem Fett zu tun.

Wer als Kind Isolation und Hilflosigkeit erfahren hat, sucht eine Lösung, um künftig vor beidem gefeit zu sein. Natürlich ist kein Mensch sein ganzes Leben lang vor Isolation und Hilflosigkeit geschützt. *Wenn aber Isolation und Hilflosigkeit mit Schuldgefühlen und Scham verknüpft werden, dann werden sie unerträglich.* Die betroffene Person kommt dann auf die Idee, dass beides aus seinem Leben verschwinden würde, wenn sie nur »besser«, schlanker oder sonstwie »gut genug« wäre.

Ein narzisstisch nicht so stark verletzter Mensch *redet sich gut zu*, anstatt sich selbst zu zerfleischen, und geht daran, *Lösungen* zu suchen, ohne dass er sich selbst *abwertet und ohne dass er sich als armes Opfer sieht.* Er *übernimmt die volle Verantwortung* für alles, was er tut, denkt und fühlt. Und auch für das, was er unterlässt.

Den inneren Schatz finden

Viele von uns – ob dick oder dünn – mussten manche ihrer Eigenschaften, Bedürfnisse und Herzenswünsche verstecken oder so tun, als gäbe es sie nicht. Irgendwann haben wir sie dann durch konstantes Ignorieren vergessen. *Doch diese Eigenheiten, Wünsche, Visionen, Bedürfnisse und Herzenswünsche sind unser wertvollstes Gut.*

Dies wurde von unseren Eltern, Erziehern und Lehrern oft nicht so gesehen, denn gerade diese Eigenheiten ließen uns »anders« sein, anecken, auffallen und »dumm« fragen. Kein Kind will anders sein, denn es spürt, dass es dann nicht mehr richtig dazugehört und die vier Kränkungen (verlassen, verraten, ausgeschlossen und zurückgewiesen werden) drohen. Das ist zu riskant, und das Kind verbuddelt seinen Schatz. *Und je tiefer dieser Schatz an Eigenheiten verbuddelt werden musste, umso dicker musste die Fettschicht werden. Damit der Schatz auch vergraben bleibt.*

Wir befürchten, dass keiner uns liebt, wenn wir *unsere* Bedürfnisse befriedigen. Und so haben wir gelernt, unsere Bedürfnisse indirekt auszudrücken. Zum Beispiel beim Essen.

»Alles, was wir in unserem Leben glauben, nicht tun zu dürfen – im Umgang mit Menschen, bei der Arbeit – erlauben wir uns beim Essen: Wir nehmen das größte Stück, wir geben uns selbst das Beste, wir essen mehr, als wir brauchen, wir geben Geld aus, wir denken nicht an andere. Wir erlauben uns selbst genau das zu bekommen, was wir wollen. Was den Rest unseres Lebens angeht, leben wir immer eine Diät eingeschränkter Gefühle.«[33]

Dies ist die nährende Seite des Vielessens und des Fettes. *Allerdings können wir uns mit dem Vielessen nähren, ohne die Verantwortung für unsere Bedürfnisse zu übernehmen.*

Maja, 38 Jahre, Lehrerin, wird des Öfteren von ihrer Mutter in ihrer eigenen Küche bekocht. Wenn Maja dann nach sechs Stunden Unterricht aus der Schule kommt, ist sie natürlich froh, dass sie sich an den gedeckten Tisch setzen kann. Das Essen schmeckt auch immer ganz prima. Maja isst dann jedesmal so viel, dass sie »kampfunfähig« wird. Maja ist zunächst nicht klar, warum sie das tut. Im Laufe des Gesprächs stellt sich jedoch heraus, dass Majas Mutter erwartet, dass sofort nach dem Essen der Tisch abgeräumt und das Geschirr gespült wird. Maja würde sich jedoch gern erst noch ein bisschen ausruhen. Sie wagt es aber nicht, dies ihrer Mutter zu sagen. Hinlegen und ausruhen hält die Mutter für Faulheit. Da Maja ihrer Mutter aber dankbar für das Kochen ist, will sie nicht in Ungnade fallen. Aber den Tisch abräumen und gleich das Geschirr spülen will sie auch nicht. Ihre »Lösung«: so viel essen, bis sie sich kaum noch bewegen *kann.* Jetzt kann sie erst einmal gar nicht mehr aktiv werden, sondern *muss* sich erst einmal in die Horizontale begeben. Auf Mutters Vorwurf, warum sie denn immer gleich so viel in sich hineinschlinge, antwortet Maja ganz cool: »Weil du so verdammt gut kochst, Mama!«

Dies ist ein kleines Beispiel dafür, wie man es schafft, sein Bedürfnis nach Erholung zu befriedigen, ohne Verantwortung dafür zu übernehmen. *Verantwortung für etwas zu übernehmen heißt, zu etwas zu stehen und die Konsequenzen zu tragen.* Das heißt auch ganz konkret, einen Preis zu zahlen. Einen Preis bezahlen wir immer im Leben. Maja bezahlt den Preis des Vollessens, kann aber die brave Tochter bleiben. Würde sie Verantwortung für ihre Bedürfnisse übernehmen und mit der Mutter debattieren, wäre der Preis, dass die Mutter Maja für faul hielte.

Aber: Wenn wir bezahlen, dann bekommen wir auch etwas für unseren Einsatz. Jede Auseinandersetzung lässt uns stärker und souveräner werden, erwachsener eben. So hat jede Konfliktsituation ihr Gutes.

Sich selbst kennen zu lernen, zu seinem So-Sein zu stehen und den Preis dafür bewusst zu bezahlen, das ist Eigenverantwortung.

BEDENKEN SIE:
Wenn wir den Schatz unserer Eigenheiten ausbuddeln, sie annehmen und sie nicht mehr länger verstecken, dann zahlen wir den Preis, dass uns manche Leute nicht mehr so zuverlässig und pflegeleicht finden. Was wir aber dafür bekommen, ist unbezahlbar: Wir finden unsere Identität, unsere Kontur und unseren Standpunkt. Und das gilt für dicke wie für dünne Leute.

»Erkenne dich selbst!«

Dieser Leitsatz soll im Apollon-Tempel des Orakels von Delphi gestanden haben. »*Erkenne dich selbst!*« und »*Werde, der du bist!*« hatten nicht nur in der Antike, sondern haben auch heute noch, nach über zweieinhalbtausend Jahren, volle Gültigkeit. Sie sind das Fundament jeder Psychotherapie und jeglicher Arbeit an sich selbst.

Wie bin ich wirklich? Wir haben ja gesehen, wie das dicke und das dünne Selbstbild vieler dicker Frauen aussehen. Welche Eigenschaften schreiben sich nun aber dicke Frauen in der Realität zu? Worauf sind sie stolz, was lehnen sie an sich selbst ab?

Die Antworten der von mir befragten 25 Frauen geben nur eine Tendenz wieder (vielleicht ist es bei Ihnen ganz anders), aber diese Tendenz ist hochrelevant. Alle Frauen außer einer schätzten sich als *hilfsbereit* ein. Jeweils über 20 Frauen bezeichneten sich als *sentimental, gefühlsbetont, einfühlsam* und als *gute Zuhörerinnen*. Etwas weniger Frauen (zwischen 15 und 17) sehen sich als *verschwenderisch, freundlich* und *tierlieb* an. 13 Frauen, also immerhin über die Hälfte, stuften sich als *schlampig* und *chaotisch* ein.

Schaut man sich die Eigenschaften Hilfsbereitschaft, Einfühlungsvermögen und Gut-zuhören-Können genauer an, dann fällt sofort auf, dass diese Fähigkeiten vor allem den anderen zugute kommen.

Auf die Frage, auf welche Eigenschaften die Frauen denn stolz seien, antworteten diese am häufigsten: *Vertrauenswürdigkeit, Ehrlichkeit, Treue, Verlässlichkeit, Exaktheit, Offenheit*. Alle anderen Eigenschaften, die genannt wurden, variierten zu stark, als dass ein gemeinsamer Nenner erkennbar gewesen wäre.

Welche Eigenschaften lehnten nun dicke Frauen an sich selbst ab? Genannt wurden: *Nachgiebigkeit, Sentimentalität, mangelnde Ausdauer, Faulheit, mangelnde Disziplin, Angst vor Neuem.*

»Was hat es mit der Sentimentalität, mit der Gefühlsbetontheit, auf sich, die von manchen Frauen positiv, von anderen wiederum negativ bewertet wurde?

»Ich habe Sentimentalität negativ bewertet«, erklärte Petra S., »denn bei mir ist sie auch damit verbunden, dass ich leicht weine. Gefühlsdusseligkeit, nennt Harald das. Wenn ich im Fernsehen etwas Trauriges sehe, dann bin ich völlig fertig. Viele Filme tue ich mir gar nicht mehr an. Ich wäre gerne abgebrühter, cooler. Auch im täglichen Umgang bin ich zu weich und zu nett. Wenn bei mir jemand jammert, dann versuche ich zu helfen. Aber am Ende bin immer ich die Blöde. Die Hilfe geht meist auf meine Kosten. Manchmal denke ich, ich fühle deshalb so tief mit, weil ich mir selbst in der Not Helfer gewünscht hätte.«

»Finden Sie es erstrebenswert, dass Sie, wenn Gräueltaten im Fernsehen kommen, unberührt, cool bleiben?«, frage ich Petra. Diese überlegt. Dann meint sie:

»Eigentlich nicht. Eigentlich ist Empathie etwas Wertvolles. Was ich aber nicht gut finde, ist einfach meine Unfähigkeit, mich abzugrenzen. Dass ich mir jeden Schuh anziehen muss. Ich kann doch nicht das Elend der Welt beheben. Aber den Anspruch habe ich irgendwo an mich. Das kann es aber nicht sein!«

Petra hat Recht. Empathie auf der einen Seite schließt Abgrenzung auf der anderen Seite nicht aus. Viele dicke Frauen bezeichnen sich als tierlieb. Auch diese Eigenschaft ist positiv. Doch manche haben gleich zehn Katzen, weil alle ihnen so Leid taten.

Hier gibt es kein Richtig oder Falsch. Hier gibt es nur ein Für-*mich*-richtig, eben eine *bewusste Entscheidung*.

Sind Sie hoch sensibel?

»Ja, ich glaube, ich bin sehr sensibel«, sagt Petra nachdenklich. »Ich nehme mir viele Dinge zu Herzen, die andere kalt lassen. Wenn mich jemand kritisiert, dann geht mir das tagelang nach. Wenn schlechte Stimmung im Büro oder zu Hause ist, dann kann ich kaum noch atmen und versuche auszugleichen. Neue Situationen machen mir Angst. Ich strebe nach Sicherheit und klebe am Vertrauten. Und ich versuche, es möglichst allen recht und keine Fehler zu machen.«

Tatsächlich sprechen alle diese Merkmale für eine hoch sensible Persönlichkeit. *Hoch Sensible nehmen Reize stärker wahr als weniger Sensible.* Sie sind leicht störbar, verwirrbar. Sie hassen Lärm, grelles Licht, Zeitdruck und Großstadthektik. All dies stellt für sie eine *Reizüberflutung* dar. Nach Reizüberflutungen brauchen hoch Sensible den Rückzug, Ruhe und eine Pause. Kommt Ihnen das bekannt vor? *Der Rückzug ins Schlaraffenland erscheint jetzt in neuem Licht.*

Hoch Sensible sind sehr einfühlsam, gewissenhaft, schmerzempfindlich und galten als Kinder schüchtern und gehemmt. Sie sind sehr darauf bedacht, Fehler zu vermeiden und haben ein reiches Innenleben. Deswegen neigen sie zu Tagträumereien. Sie sind kreativ und haben eine blühende Phantasie. Viele Künstler (Maler, Schriftsteller, Musiker), Philosophen, Psychotherapeuten, Hellseher, Tüftler und Genies sind so genannte hoch sensible Persönlichkeiten.

Elaine Aron, eine amerikanische Psychotherapeutin, die hoch Sensible erforscht, schreibt, dass sie *vorsichtig und introvertiert sind und Zeit für sich brauchen*. Von außen betrachtet erscheinen sie ängstlich, scheu und schwach. Und sie gelten oft als ungesellig, weil sie sich gerne zurückziehen. Aron geht davon aus, dass hoch Sensible *Reize differenzierter verarbeiten* und auch differenziertere Einordnungskategorien haben als weniger Sensible. Auch spielt bei ihnen die *Intuition* eine große Rolle. Aron wehrt sich dagegen, dass hoch Sensible schnell in die Neurotiker-Schublade gesteckt werden. »In den USA gilt es als normal, wenn man so kaltblütig wie der Terminator, so stoisch wie Clint Eastwood und so geschwätzig wie Goldie Hawn ist.«[34]

Für hoch Sensible ist die Schulzeit oft die schlimmste Zeit ihres Lebens. Während in China scheue und schüchterne Kinder am häufigsten als Freunde gewählt wurden, waren diese in den USA und in Kanada am unbeliebtesten. Aus Deutschland liegen keine Zahlen vor, aber man kann sich vorstellen, dass sie eher mit den amerikanischen vergleichbar sein würden.

Hoch Sensible haben ein *hochreagibles Nervensystem*. Ihr Erregungsniveau schnellt blitzartig in die Höhe. Zu schnell wird zu viel Adrenalin ausgeschüttet. Hoch Sensible sind schnell alarmiert, regen sich auf und flippen aus. Die Reizüberflutung resultiert im *Kontrollverlust*. In Extremfällen kann auch eine Angstattacke die Folge sein. Jedenfalls sind hoch Sensible schnell mit Situationen überfordert, die ein weniger sensibler Mensch noch mit klarem Kopf bewältigen kann.

»Ich glaube, jetzt dämmert mir etwas!«, meinte Petra S. erstaunt, als ich ihr die Zusammenhänge erklärte. »Könnte es sein, dass ich mein ganzes Leben lang das Essen gebraucht habe, um mein labiles Erregungsniveau etwas zu stabilisieren? Und das Fett brauche ich als Entschuldigung, um mich nicht der Reizüberflutung aussetzen zu müssen? Dass ich mich mit Essen beruhigt habe, weiß ich natürlich. Aber dass ich von Natur aus ein hochreagibles Nervensystem habe, habe ich nicht gewusst. Was ist aber mit dem Essen aus Langeweile? Das passt doch irgendwie nicht.«

Langeweile kann man als Unterstimulation sehen. Petra S. und mit ihr Zigtausende von essgestörten Frauen haben das Essen als Korrektiv am Erregungsniveau entdeckt. Essen wirkt in beide Richtungen: als Beruhigungsmittel und als Stimulanz.

Natürlich ist nicht jeder hoch Sensible essgestört und nicht jede dicke Frau ist hoch sensibel. Menschen haben viele Möglichkeiten, ihr Erregungsniveau in Schach zu halten: mit Kaffee, Tee, Zigaretten, Haschisch, Sex, Alkohol. Aber auch mit Bewegung, Entspannungstrainings, Musik, Tanz, Meditation, Atemgymnastik, Lachen und guten Gedanken.

Die essgestörten und dicken Frauen, die hoch sensibel sind, müssen lernen, mit ihrer Sensibilität anders umzugehen. Essanfälle zur Beruhigung und das Fett als Kuscheldecke und als Versteck vor der reizüberflutenden Welt sind auf Dauer Lösungsstrategien, die einen hohen Preis haben. Da sie aber akut den Leidensdruck mindern, halten sie sich so hartnäckig.

MACHEN SIE SICH KLAR:
Gelassenheit, Kompetenz, Konfliktbewältigung und Kontakte sind starke Strategien, um einen klaren Kopf zu behalten und echte Souveränität zu erwerben. Dicke Frauen haben hier ihre – aufholbaren – Defizite.

X Warte nicht auf schlanke Zeiten!

Akzeptieren? Kämpfen? Oder beides?

»Mich so akzeptieren, wie ich jetzt bin?« Petra S. ist entsetzt. »Dann würde ich mich ja total aufgeben. Dann würde ich nie mehr abnehmen. Dann hätte ich resigniert und alle Hoffnung aufgegeben. Es wäre deprimierend!«

»Stellen Sie sich einmal vor, Sie würden Ihr jetziges Gewicht für den Rest Ihres Lebens behalten. Wie geht es Ihnen damit?«, frage ich Petra.

Petra schließt die Augen und horcht in sich hinein. »Es ist sonderbar zwiespältig. Einerseits ist da eine große Ruhe, fast sogar ein innerer Friede. Sich nicht mehr abzappeln zu müssen, einfach so sein zu können, wie man ist. Das hat etwas Verlockendes. Andererseits ist da die nackte Panik. Wie gesagt, ich würde mich selbst aufgeben.«

Diese Einstellung haben viele dicke Frauen. Ist Selbstabwertung eine gute Motivation, sich zu verändern? Stellen Sie sich vor, Sie hätten den Ruf einer schlechten Köchin. Hätten Sie dann Lust, für Ihre Freunde ein tolles Abendessen zu kochen? Oder stellen Sie sich vor, Ihre Freunde hielten Sie für schlampig. Macht das Lust aufzuräumen? Wenn Ihre Freunde aber sagen: »Hm, das Essen schmeckt aber gut!« oder »Hast du es schön in deiner Wohnung! So geschmackvoll eingerichtet!«, wie fühlen Sie sich dann? Ich hätte, ehrlich gesagt, bei der zweiten Variante mehr Lust zu kochen bzw. aufzuräumen.

Die amerikanische Psychologin Debby Burgard machte eine Studie zum Thema Selbstwertgefühl und Gewicht und kam zu überraschenden Ergebnissen. Sie arbeitete mit Frauen, die 200 Pfund (das entspricht etwa 95 kg, wenn sie amerikanische Pfunde meint, ansonsten 100 kg) und darüber wogen. Die meisten Frauen, die den Fragebogen beantworteten, kamen aus dem Umland von San Francisco und waren Singles, Ende dreißig, weiß, heterosexuell und hatten eine College-Ausbildung. Von dieser – sicher nicht repräsentativen – Gruppe gab die Hälfte an, dass ihr Körper vom Gewicht her grundsätzlich akzeptabel sei. Und das galt unabhängig davon, ob die Frauen nun 235 oder 450 Pfund wogen. Aber wie gesagt, es war nur die Hälfte, die ihr Gewicht akzeptierte. Die anderen Teilnehmerinnen schwankten verzweifelt hin und her:

- »Ich fühle mich besiegt. Ich glaube nicht mehr daran, dass es nochmal besser wird.«
- »Jetzt bin ich schwerer denn je. Die Jahre waren nicht gerade erfreulich für mich. Dicksein macht mich nur noch unattraktiver. Ich fühle mich durch das Dicksein in Verbindung mit körperlichen Schmerzen, Müdigkeit und Unbeholfenheit wie in einer Falle.«
- »Jahrelange Affirmationen, Massagen, Psychotherapie, das Tanzen und andere positive Dinge haben mir geholfen, mein Selbstwertgefühl zu verbessern.«
- »Ich habe eingesehen, dass es ein Irrtum war zu glauben, ich sei ein Opfer und passe nirgendwo hin. Mein Körper ist schön mit seinen Kurven, seiner Weichheit und seinen Rundungen, und er hat das Recht, überall hinzupassen. Früher dachte ich, ich hätte dieses Recht nicht.«

> »Ich denke, man muss sehr mutig sein, wenn man gegen die gesellschaftliche Norm verstößt. Die Energie, die man in Diäten und in die Selbstzerfleischung steckt, sollte in die Selbsterforschung gesteckt werden. Das Fett kann als bequeme Ausrede benutzt werden, um nicht alles sein und tun zu müssen, was man eigentlich möchte.
> Wenn du dein Fett akzeptierst, dann hast du den Kopf frei, um dich erst richtig kennen zu lernen. Es ist nicht einfach, sich ›trotzdem‹ zu akzeptieren. In unserer Gesellschaft zielt alles darauf ab, dass Frauen mit ihrem Körper unzufrieden sind.«

Soweit einige interviewte Frauen.[35] Debby Burgard fand noch andere hochspannende Zusammenhänge: *Frauen, die das Abnehmen aufgegeben hatten, hatten ein besseres Selbstwertgefühl.* Konkret heißt das, dass diese Frauen in den Persönlichkeitsfragebögen (die normalerweise Neurotizismus, Depressivität, Aggressivität und soziale Erwünschtheit messen) und in den Fragebögen zum Selbstwertgefühl besser, sprich: »psychisch gesünder« abschnitten.

Dieses Ergebnis spricht dagegen, dass Selbstablehnung und Selbsthass ein guter Ansporn zum Abnehmen sind. Selbstablehnung und Selbsthass suggerieren, dass zuerst die Gewichtsabnahme kommt und dann die Selbstakzeptanz. Und das würde heißen, dass wer nicht abnimmt, zum ewigen Selbsthass verdammt ist.

Vom Soll zum Haben

Viele dicke Frauen sind, was ihr Gewicht betrifft, gespalten zwischen ständigen Versuchen abzunehmen und einem resignierten Hinnehmen desselben. Die meisten von ihnen schwanken jedoch zwischen den beiden Polen genervt hin und her. Damit schwanken sie zwischen Hoffnung, Resignation und Selbstverachtung – und wundern sich darüber, dass es ihnen so schlecht geht.

Dabei hätten die allermeisten Frauen auf der Welt »gute Gründe«, unzufrieden zu sein. Es gibt immer Zigtausende von anderen Frauen, die größer, schlanker, jünger, großbusiger und langbeiniger sind. Frauen, die einen schöneren Teint, dichtere Haare, größere Augen, vollere Lippen und eine schmalere Taille haben.

Auch wie Barbie höchstpersönlich auszusehen genügt nicht mehr. Inzwischen kommen die begehrtesten Models aus Lateinamerika, weil sie, »wie Experten meinen, die Schönheitsattribute verschiedener Kulturen vereinen: Sinnlichkeit, bronzefarbene Haut, Temperament, üppiger Busen, knabenhafte Hüften«[36]. Also können die meisten Frauen hierzulande sowieso gar nicht mehr mithalten, egal wie sehr sie sich ins Zeug legen und wieviele Schönheitsoperationen sie über sich ergehen lassen.

Das hat auch sein Gutes! Es zwingt uns, unsere Grenzen anzuerkennen, daran zu reifen und uns auf unsere Haben-Seite zu konzentrieren. *»Sinnlichkeit« und »Temperament« kommen übrigens nicht gerade bei den Frauen vor, die sich ihres Körpers schämen. Sinnlichkeit und Temperament setzen Genuss- und Begeisterungsfähigkeit voraus. Und die haben mit der Figur oder dem Aussehen schon mal gar nichts zu tun!*

Die amerikanische Psychologin Debby Burgard fand in ihrer Studie heraus, dass 73 Prozent der untersuchten Frauen sich trotz der sozialen Stigmatisierung bezüglich ihres Körpers im Laufe der Jahre besser fühlten. Damit ging einher, dass sich diese Frauen *weniger schämten, weniger den Drang hatten, allen zu gefallen* und *weniger bereit waren, ihr Leben auf den Tag X zu verschieben*. Und sie waren *konfliktfähiger* und *souveräner* geworden. Die drei Frauen, die auf der Homepage zur Studie zu Wort kamen, hatten es geschafft, *ihren Blick von außen nach innen zu wenden.*[37]

Sie erinnern sich sicher noch an die Eigenschaften, bei denen sich die meisten von mir untersuchten Frauen die meisten Punkte gaben: Hilfsbereitschaft, Gefühlsbetontheit, Einfühlungsvermögen und die Fähigkeit, gut zuzuhören. Nun geht es darum, genau diese Fähigkeiten von der Außenwelt immer mehr abzuziehen und für sich selbst zu nutzen. Sich *selbst* zu unterstützen, mit sich *selbst* mitzufühlen, sich in die *eigene* Lage und in die *eigenen* Bedürfnisse einzufühlen und sie ernst zu nehmen. Angesagt ist, auf seine *eigenen* inneren Signale zu hören.

Aber das ist noch nicht alles. Um zufriedener zu werden, müssen wir unsere *Aufmerksamkeit weg von unseren Defiziten und vermeintlichen Schwächen hin auf unsere Pluspunkte lenken.* Jeder von uns hat viele Pluspunkte. Diese müssen wir lernen zu sehen. Hier ist ein neuer Blick nötig. Ein liebevoller vor allem.

»Ich habe eine gute Schneiderin entdeckt«, verriet mir eine Klientin. »Sie hat echt einen Blick für Proportionen. Zum Beispiel zeigte sie mir, dass Beine dünner wirken, wenn der Rocksaum an einer Stelle endet, die relativ schmal ist. Bei mir sind dies entweder die Fesseln oder die Stelle unterhalb der Knie. Auch meine Jacken waren bisher viel zu lang. Ich wollte immer den ganzen Po kaschieren, und das hat meine Beine stark verkürzt, sodass die ganze Figur gedrungen wirkte. Jetzt enden meine Jacken in der Mitte des Pos. Dadurch werden die Beine optisch verlängert und die ganze Figur gestreckt. Ich fühle mich in meinen Kleidern jetzt bedeutend wohler, auch wenn ich immer noch gleich dick bin.«

Haben wir Pluspunkte entdeckt, dann gilt es, diese zu betonen, zu verstärken und weiterzuentwickeln.

»Es ist mir aufgefallen«, sagte mir eine schwergewichtige Klientin, »dass mich die Menschen unterschiedlich behandeln, je nachdem, wie ich angezogen bin und wie ich drauf bin. Früher bin ich, wenn ich schlecht drauf war, in der alten Jogginghose, im ungebügelten T-Shirt und mit fettigen Haaren um die Ecke Brötchen holen gegangen. Da wurde ich schon mal angepöbelt. Manchmal habe ich damals gedacht: ›Du fettes Schwein hast es nicht anders verdient!‹ Aus meinem Selbsthass heraus habe ich regelrecht darauf gewartet, dass jemand etwas sagte. Heute habe ich keine alten Jogginghosen mehr, und ungebügelte T-Shirts ziehe ich höchstens unter eine Bluse an. Heute habe ich meinen Typ erkannt und habe nur noch wenige, dafür aber sehr gut sitzende und pfiffige Klamotten. Ich weiß, die sind nicht billig. Aber sie müssen sein. Das bin ich mir heute wert.«

Diese Klientin hatte das Buch *Starke Frauen – rund und schön. Optimal aussehen in XXL* gelesen. Vor der Lektüre dachte sie, sie sei halt dick und damit basta. Nun aber erfuhr sie, dass es verschiedene Körperformen gibt. Von A-förmigen, von V-förmigen, von O-förmigen und von Sanduhren-förmigen Körpertypen ist da die Rede. Für jeden Körpertyp gibt es viele Tipps, wie frau mit einfachen Mitteln ihre Optik verbessern kann. »Kleiden Sie sich mit einem Hauch von Erotik«, schreibt die Modejournalistin Heike Rech, »machen Sie sich stark für Ihre Figur, wie sie ist. Für Ihre Person. Ihre Individualität. Ihre weiche Weiblichkeit ... Hören Sie auf, Ihr schlimmster Kritiker zu sein. Und fangen Sie an, sich in sich zu verlieben!«[38]

Ja, verlieben!

Weil ich es mir wert bin

Wenn Sie Ihre Optik verbessert haben, werden Sie sich schlagartig besser fühlen. Was aber heißt »besser«? Zufriedener? Selbstbewusster? Mit sich selbst mehr im Einklang?

»When you look good, you feel good« lautet ein Werbespruch. Würde er stimmen, müssten sich schöne Menschen pausenlos gut fühlen. Tun sie das? Wahrscheinlich genauso wenig, wie sich »nicht gut Aussehende« pausenlos schlecht fühlen. Also, das Aussehen alleine ist es nicht, was zu mehr Wohlbefinden führt. *Es ist die Selbstachtung.* Auch Würde, Selbstrespekt oder früher Ehre genannt. Wenn Sie sich schöner anziehen, dann signalisieren Sie sich selbst und den anderen: »Ich bin es wert, schöne Kleidung zu tragen. Ich achte mich. Ich bin in Ordnung.« Nur wenn auch diese positiven Gefühle mit der neuen Garderobe einhergehen, steigt Ihre Stimmung.

Vielleicht werden Sie aber an sich die Tendenz bemerken, dass Sie die neuen Kleider im Schrank hängen lassen und doch wieder die alten Klamotten anziehen. Warum? Um die neuen zu schonen, ist eine beliebte Begründung. Mag sein. Aber der häufigste Grund ist schlichtweg der, dass uns die neuen Kleider als »zu schade« – für uns – erscheinen. Fragen Sie sich einmal selbst: Welcher Anlass ist es wert, schöne Kleider zu tragen?

»Viele Tage, im Grunde alle Tage sind es wert, dass du deine besten Kleider trägst«, sagt die Psychotherapeutin Geneen Roth. »Was für einen Sinn macht es, die Sachen, die du am meisten magst, nur zwei- oder dreimal im Jahr anzuziehen? Warum sollte man nicht durch den Supermarkt gehen und sich prächtig fühlen?«[39]

Gewöhnen Sie sich an das Gefühl, besser angezogen zu sein. Es werden sich danach noch andere Dinge in Ihrem Leben verändern. Nein, nicht von alleine, sondern weil sich Ihre *Wahrnehmung verändert* hat. Sie werden alles Hässliche um sich herum bemerken. Es hat Sie vorher vielleicht nicht so sehr gestört, weil Sie es als Selbstverständlichkeit hinnahmen.

»Ja, das stimmt«, pflichtete mir sogar Petra S. bei. »Ich habe festgestellt, dass seit ich mich besser kleide, ich auch in unserer Wohnung einiges verändert habe. Ich habe mehr Lust auf Sauberkeit, auf schöne Vorhänge und auf Accessoires, die zusammenpassen.« Petra hat einige *Entrümpelungsprozesse* eingeleitet. Sie räumte zuerst ihren Kleiderschrank aus und reservierte ihn dann ausschließlich für gut passende und schöne Kleidungsstücke. Alles andere wurde weggeräumt. Dann räumte sie ihre Küchenschränke aus, warf Kaputtes, Angeschlagenes und Überzähliges rigoros weg.

»Plötzlich hatte ich wieder Platz. Ich konnte wieder atmen. Und ich merkte, dass das Horten, Sammeln und mein Unvermögen, Dinge wegzuwerfen, auch etwas mit meinem Fett zu tun haben. Ich halte fest. Vielleicht aus Angst, im Notfall mit leeren Händen dazustehen.«

Dahinter steckt die Angst, sich im »Notfall« nicht genügend oder nicht das Richtige beschaffen zu können. Wie oft tritt ein solcher Notfall ein? Lohnt es sich deswegen, alten Krempel oder einen Berg Fett zu horten? – Fragen, die Sie sich stellen sollten, und für die es kein allgemein gültiges Richtig oder Falsch gibt.

Viele dicke Frauen haben Beziehungen, in denen sie ausgiebig als *Seelen-Mülleimer* für andere benutzt werden. Durch ihre Fähigkeit, gut zuhören zu können, glauben sie, sich auch benutzen lassen zu müssen. Die Kunst des Zuhörens bringt viel Frustration ein, wenn man sich nicht abgrenzen und wehren kann. Wenn man nicht sagen darf, dass man heute keine Lust auf Problemgespräche hat, oder ein Gespräch nicht auch mal abkürzen darf. – Leider sind Menschen, die Sie hemmungslos als Klagemauer missbrauchen, selten fähig und gewillt, sich Ihre Probleme anzuhören. Ein ehrlicher Blick auf diese Art von »Freunden« sollte Ihnen das Entrümpeln Ihres Bekanntenkreises erleichtern. Auch hier bringt Klammern nur Frust.

»Ja, aber wenn ich alle Freundinnen sausen lasse, die mich mit ihren Problemen zutexten, dann habe ich überhaupt keine Freundinnen mehr«, geben manche Frauen dann zu bedenken. Wenn Sie zu diesen viel genutzten Problem-Hotlines gehören, dann ist es höchste Zeit, sich darüber klar zu werden, dass Sie selbst Beziehungen aufnehmen, indem Sie sich sofort als *unendlich nett, einfühlsam und verständnisvoll* präsentieren.

»Beziehung heißt für mich dann also, dass ich mich missbrauchen lasse«, sagt Petra S. nachdenklich. »Ja, aber wie sieht denn dann eine ›normale‹ Beziehung zwischen Freundinnen aus? Sind denn Freundinnen nicht gerade dazu da, dass man sich ausquatschen kann?« Petra ist fast panisch.

Da Petra für ihre Mutter eine »gute Freundin« sein musste, die sich niemals abgrenzen durfte, zieht sie nun im Erwachsenenleben Frauentypen an, die in dieser Hinsicht ihrer Mutter ähneln. Und Petra weiß, was diese Frauen »brauchen«! Dumm ist nur, dass es in diesen »Freundschaften« ausschließlich einseitige Problemgespräche gibt. Es gibt nichts Leichtes, Unbeschwertes, gar Lustiges in diesen »Freundschaften«. Und auch Petra hat längst gemerkt, dass diese Gespräche sie »herunterziehen«, deprimieren, sie ausgelaugt und leer zurücklassen. Diese Leere führt dann regelmäßig zu einem Essanfall. Und zu einem Rückgang der Selbstachtung.

Zu einer guten Selbstachtung gehört aber, dass Sie *Verantwortung für Ihr Wohlbefinden und Ihr Verhalten übernehmen*. Wenn Sie unter Heißhungeranfällen leiden, dann ist es angesagt, an den auslösenden Gefühlen – etwa Ängsten, Leere und ohnmächtiger Wut – zu arbeiten. Dazu gehört auch, genießen und damit sich und seine Bedürfnisse (wieder) spüren zu lernen. Nehmen Sie die Unterstützung einer Psychotherapie in Anspruch, wenn Sie merken, dass Sie damit überfordert sind.

MACHEN SIE SICH IMMER WIEDER KLAR:
Sie selbst müssen es für sich tun. Kein anderer tut es für Sie. Sie sind es wert, denn es ist Ihr Leben. Die Lebenszeit, die Sie jetzt vergeuden, fehlt Ihnen am Schluss.

Dehnen Sie sich aus!

Ein dicker Mensch braucht mehr Platz als ein schlanker. Dicksein ist also ein Raum forderndes Symptom. Es ist kein Zufall, dass Sie sich gerade dieses Symptom »ausgesucht« haben. Was symbolisiert diese *Forderung nach mehr Platz, nach mehr Gewicht?*

Eine Regel aus der Psychosomatik lautet: *Was man im Leben nicht hat, hat man im Symptom.* Haben Sie also *zu wenig* Platz in Ihrem Leben? Und was ist es genau, das in Ihrem Leben zu wenig Platz hat?

Als ich die dicken Frauen im Fragebogen nach ihren Herzenswünschen fragte, kam überraschend oft der Wunsch nach einer größeren und schöneren Wohnung. Nicht nur nach mehr Platz sehnten sich viele Frauen, sondern auch ganz konkret nach einem eigenen Zimmer, einem »Frauen-Zimmer« eben. Die meisten Familien-Frauen haben im Gegensatz zu ihren Kindern kein eigenes Zimmer. Sie dürfen zwar alle Zimmer in Ordnung halten, aber für ihre *Bedürfnisse nach Privatsphäre und nach Frei-Raum* ist kein Geld da. – Wenn also Expansion Ihr Thema ist, dann gilt es, Privatsphäre und Freiraum auf andere Art und Weise zu schaffen, als sich zu »verdicken«. Mit einer schön hergerichteten Schreib-, Bastel- oder Nähecke im Schlafzimmer etwa. Oder mit einem größeren Auto, um es sich bequemer zu machen und um im Verkehr mehr Raum zu haben. Natürlich können Sie auch Ihre Küche renovieren, neu einrichten oder die Wohnung umräumen.

Oder Sie nehmen sich mehr Raum auf einer anderen Ebene. Sie könnten sich *Auszeiten* nehmen, Zeit für sich ganz alleine. Oder für Ihre Hobbys.

Sollte das Ganze immer wieder daran scheitern, dass Sie sich nichts zutrauen, dann kann das Körpersymptom Ihnen auch zeigen wollen, dass Sie in Ihrem Leben *zu wenig Gewicht und Bedeutung haben*. Dann benötigen Sie mehr Platz im Beziehungsgefüge. Menschen, die Sie häufig kritisieren, entwerten und entwürdigen oder jedes Mal auf Ihre Figur anspielen, engen Sie nur ein. *Gestehen Sie es sich zu, sich zur Wehr zu setzen.* Karola, eine 37-jährige Ärztin (104 kg) hat es gewagt:

»Meine Mutter sprach mich ständig auf mein Fett an. Schuldbewusst habe ich jahrelang ihre Diätvorschläge angenommen, aber kaum war ich wieder in meiner Wohnung, bekam ich jedes Mal einen Fressanfall. Als ich im Laufe der Therapie mehr Wut spüren konnte, habe ich mir etwas anderes überlegt. Ich wartete nur darauf, dass meine Mutter beim nächsten Treffen wieder über mein Fett herziehen würde.

Als sie dann damit anfing, sagte ich ihr in ruhigem Ton, dass meine Figur ganz alleine meine Sache sei und ich auf der Stelle nach Hause fahren würde, sollte Sie diese noch ein einziges Mal erwähnen.

Meine Mutter war etwas verblüfft. Sie traute mir nicht zu, dass ich einfach gehen würde. Irgendwann machte sie eine vorsichtige Randbemerkung über das Abnehmen allgemein. Ich schaute sie warnend an. Dann meinte sie hochmütig: ›Das gilt auch für dich!‹ Ohne zu überlegen packte ich sofort meine Sachen zusammen. Meine Mutter versuchte zwar, mich zu beschwichtigen, doch ich blieb konsequent und verließ das Haus.

Diese Taktik musste ich noch viermal anwenden, dann hatte sie es kapiert. Heute ist mein Fett kein Thema mehr zwischen meiner Mutter und mir.«

Expandieren heißt einmal, sich auszudehnen, aber auch, seine Kontur zu halten, obwohl die anderen einen verformen möchten. Da hilft nur: *Gegendruck machen!*

Dicke Frauen stellen den Gegendruck oft mit psychosomatischen Symptomen her: Sie entwickeln einen hohen Blutdruck. Wie ein Dampfkochtopf stehen sie unter Druck, weil sie zu viel in sich hineinfressen. Damit aber nichts nach außen dringt, muss die Wand der Druckkammer verdickt werden. Sprich, die Frauen müssen Fett anhäufen. Oder aber es muss ein Ventil eingebaut werden, um Dampf abzulassen und den Druck kurzfristig zu verringern.

Vielleicht »platzen« Sie ja ab und zu – und funktionieren hinterher schuldbewusst noch besser als zuvor? Den Vorteil davon hat Ihre Umwelt, weil Sie weiterhin gut funktionieren. Den Preis dafür aber zahlen *Sie ganz alleine*. Eine Frau drückte es drastisch aus: »Ich habe funktioniert und blieb auf der Strecke.«

BEACHTEN SIE:
Um Gegendruck zu machen, muss man seine Wut wieder spüren. Diese gibt die Kraft und die Energie, Widerstand zu bieten und sich auszudehnen.

Nutzen Sie die Schubkraft der Wut!

Wut gestehen sich dicke Frauen erst dann zu, wenn sie einen glasklaren Blick dafür entwickelt haben, was andere mit ihnen machen und was sie vor allem selbst mit sich machen.

Das Thema Wut macht große Angst, denn kaum eine Frau hat in ihrer Kindheit gelernt, mit ihr angemessen umzugehen. Essgestörte Frauen versuchen, der Wut mit Essanfällen Herr zu werden. Alkoholiker mit Alkohol, Unbeherrschte mit Gewalt.

Wut ist ein Signal. Es sagt: »Steh auf, und wehre dich!« Für eine nette, verständnisvolle und hilfsbereite Frau ist dies eine echte Herausforderung. *Das Spüren der Wut und der angemessene Umgang mit ihr entscheiden darüber, ob Sie erfüllt und souverän durchs Leben gehen oder ob Sie unterdrückt und fremdbestimmt werden.* Auch Ihr Fett kam zu einem großen Teil durch unterdrückte Wut zustande, denn unterdrückte Wut macht Essdruck.

Ilona, 33 Jahre, 100 kg, konnte nach zweijähriger Arbeit an sich und ihren Gefühlen die Wut plötzlich anders sehen:

»Wut war ein Gefühl, das ich mir früher nicht zugestand. Ich war der Überzeugung, weder das Recht noch einen Grund zu haben, wütend zu sein. Egal, wie schlecht man mich behandelte. Ich war eine verständnisvolle, sensible, einfühlsame Frau, die sich nicht wie eine Furie aufführte, sondern Contenance bewahrte. Gelang mir dies nicht, zog ich mich zurück, weinte und suchte die Schuld bei mir selbst. Was manchmal durchaus einfacher war, als mich dem Konflikt zu stellen. Wann immer das unerwünschte Gefühl des Zornes mich übermannte, war es, als legte sich ein Schleier über meine Wahrnehmung. Die Wut wollte heraus, doch ich ließ es nicht zu. So vernebelte das aggressive Gefühl meine Wahrnehmung – ich wurde regelrecht blind.«

Ilona richtete die Aggression schließlich gegen sich selbst. *Gegen sich selbst gerichtete Wut führt nicht nur zu Denkblockaden und zu Hilflosigkeit, sondern kann auch Depressionen auslösen.* Ein Mensch, der seine Wut nicht mehr spüren darf, ist wie ein Tier, dem man Zähne und Krallen gezogen hat. Wehrlos.

»Das Unterdrücken der Wut führte zu einem Gefühl der Ohnmacht, das es mir unmöglich machte, mich meiner Haut zu wehren.« Diese Ohnmacht hatte in der Vergangenheit oft zu Essanfällen geführt. Als Ilona erkannt hatte, wie oft sie sich duckte, sich klein machte und alles schluckte, passierte eines Tages das Folgende:

»Mein Mann und ich machten mit unserem kleinen Sohn einen Ausflug mit dem Auto. Ich hatte mir den Ausflug ertrotzt, und wir waren im Streit losgefahren. Ich saß mit dem Kind auf dem Rücksitz und kochte noch immer vor Wut auf meinen Mann, der mich als ›egoistisch‹ und ›rücksichtslos‹ bezeichnet hatte. Mit einem Mal nahm ich in dem vertrauten, erstickenden und übermächtigen Gefühl des Zorns eine große Kraft wahr. Ich empfand diese Kraft als ein gleißend helles Licht, das Energie durch meinen ganzen Körper sandte und heißglühend in meinen Adern kreiste. Die Wut pulsierte mit einer ungeheuren Macht in mir.

Ich war über diese Wahrnehmung so verblüfft, dass ich nicht wusste, was ich damit anfangen sollte. Zum ersten Mal wurde mir der eigentliche Sinn der Wut bewusst, und es gelang mir, dem Gefühl nicht ängstlich auszuweichen, sondern dabeizubleiben, seine Natur zu erkennen und es sogar ein bisschen zu genießen.«

Nach diesem im wahrsten Sinne des Wortes »bahnbrechenden« Erlebnis veränderte sich Ilonas Verhalten.

»Meine Toleranzschwelle sank bedenklich nach unten. Einmal in den ›Genuss‹ der Wut gekommen, explodierte ich bei der kleinsten Kleinigkeit. Meine Wut platzte unkontrolliert aus mir heraus. Plötzlich zerschlug ich Gegenstände, trat gegen Schranktüren und keifte wie eine tollwütige Furie. Ein ängstlicher kleiner Teil von mir beobachtete dieses wilde böse Weib, das da aus mir hervorbrach und duckte sich vor Angst.«

Ilona war sehr verzweifelt in dieser Zeit. Sie wusste noch nicht, dass dieses »Wut-Stadium« nicht ewig anhalten würde.

»So wollte ich nicht sein, hatte ich nie sein wollen. Ich wollte liebenswert und verständnisvoll und pflegeleicht sein. Ein Mensch, den man mit gleichbleibend sonnigem Wohlwollen betrachtete. Ich wollte als die gute Kollegin, Tochter, Freundin und Ehefrau wertgeschätzt werden. Plötzlich erkannte ich, dass ich niemals so gewesen bin und nie so sein würde. Ich hatte eine Lüge gelebt. Ich war überhaupt nicht pflegeleicht oder ohne Ende verständnisvoll. Ich war eine egoistische Person, die den dringenden Wunsch nach Abgrenzung und Durchsetzung des eigenen Willens verspürte. Das war eine schreckliche Erkenntnis. Zunächst.«

Im Laufe der darauf folgende Monate erfuhr Ilona, was *Konfliktfähigkeit* ist. Sie erfuhr, wie anstrengend, aber auch wie befreiend es ist, sich wehren zu dürfen.

Bleiben Sie am Ball!

Wut kann man sich allerdings erst erlauben, wenn man nicht mehr allen Leuten in jeder Lage gefallen will. *Es ist vor allem die Angst, nicht mehr gemocht zu werden, die die Wut zurückhält.*

Ilona hatte diese Angst ihrer Mutter gegenüber auch. Aber dann machte sie eines Tages eine ganz andere Erfahrung:

»Meine Mutter hatte mich und meinen Mann am Telefon auf sehr unfaire Art und Weise wegen der Erziehung unseres Sohnes kritisiert. Ich verspürte einen rasenden Zorn. Am liebsten hätte ich mitten im Gespräch den Hörer aufgeknallt. Nach dem Gespräch erzählte ich alles empört meinem Mann. Dieser meinte, ich solle sie noch einmal anrufen und mir endlich Luft machen. ›Oder willst du wieder alles in dich hineinfressen?‹, fragte er mich.

Natürlich hatte er Recht, aber ich war so sauer, dass ich es gar nicht einsah, jetzt anzurufen. Eine halbe Stunde später rief dann meine Mutter an. Ich hatte das schon geahnt, da sie schon öfter nochmals angerufen hatte, um ihr Gewissen zu beruhigen. Ich war noch immer sehr wütend, aber zum ersten Mal vollkommen klar im Kopf. Ich wusste, was ich zu tun hatte. Auf die Frage meiner Mutter, ob ich mich wieder ›abgeregt‹ hätte, antwortete ich mit etwas erhobener, aber ruhiger und bestimmter Stimme, dass ich ihre Kritik unberechtigt und sehr verletzend empfunden hatte.«

Die Mutter ging aber gleich zum Gegenangriff über und kritisierte die Tochter, warum sie denn jedes Wort auf die Goldwaage legen müsse. Ilona aber blieb *standhaft*:

»Ich ließ mich nicht aus dem Konzept bringen. Früher hätte ich mich nach einer solchen Bemerkung als ›zu empfindlich‹ empfunden und anschließend den Faden verloren – und damit einmal mehr den Kürzeren gezogen.«

Nicht nur, dass Ilona die *Wut spürte und ausdrückte*, sie schaffte es auch, die *Wut einerseits heiß zu halten und sie andererseits auch nicht überkochen zu lassen*. Dies ist eine Kunst, die immer wieder geübt werden muss.

»Ich ging also ein zweites Mal zum Angriff über und setzte meiner Mutter mit etwas lauterer Stimme auseinander, dass es unfair sei, unsere Kompetenz als Eltern derart in Frage zu stellen.

Was danach geschah, war eine Art Wunder: Zum ersten Mal in meinem 33-jährigen Leben entschuldigte sich meine Mutter aus tiefstem Herzen bei mir. Damit konnten wir unseren Disput beilegen.«

Eine solch unerwartet positive Wendung konnte Ilona nur erzielen, weil sie *Ausdauer* hatte und sich in ihren Gefühlen *nicht beirren* ließ.

Vertreiben Sie die Geister!

Der amerikanische Schriftsteller Somerset Maugham soll einmal gesagt haben: »Mein Leben bestand aus vielen Katastrophen – die nie eingetreten sind!« Das Grübeln über Katastrophen raubt Energien und macht mutlos. *Viele dicke Frauen glauben, dass sie erst einmal ihre Angst verlieren müssen und sich dann ins Leben stürzen werden.* Und sie glauben, dass sie die Angst verlieren, wenn sie schlank sind.

Diese Einstellung killt Ihre Motivation und Ihre Antriebskraft. Und sie drückt Sie immer tiefer in das Heile-Welt-Denken und in die Essprobleme hinein.

Was aber fürchten dicke Frauen am meisten? Neben den ›normalen‹ Ängsten wie Krieg, Gewalt, Unfall, Krankheit und Tod von geliebten Menschen gab es zwei Ängste, die sich bei den Antworten durchzogen wie ein roter Faden. Es waren die *Angst vor Einsamkeit* und die *Angst, sterben zu müssen, ohne richtig gelebt zu haben.*

Das heißt, die Einsamkeit und die Lebensvermeidung, in die Sie sich so oft selbst hineinmanövrieren, fürchten Sie am meisten? Was kann da noch Schlimmeres kommen? Es kann doch nur noch besser werden! Aber Sie müssen Ihre *Angst einige Zeit aushalten.*

Eine Frau, die drei Katzen hat, erzählte mir die folgende kleine Geschichte, die das Prinzip verdeutlicht: Immer wenn sie mit dem Blumensprüher ihre Pflanzen besprüht, fegt der schwarze Kater aus dem Zimmer, als wäre der Teufel hinter ihm her. Dies hatten die beiden anderen Katzen zwei- oder dreimal ebenfalls getan. Aber dann hatten sie kapiert, dass der Wassersprüher ungefährlich ist und nichts Dramatisches passiert. Man muss dazu sagen, dass die beiden Katzen nicht so schnell waren wie der Kater. Sie hatten also immer auch ein paar Wassertröpfchen abbekommen. Der Kater nicht. So konnten die Katzen eine *korrigierende Erfahrung machen*, nämlich, dass Wasser unschädlich ist und das fauchende Geräusch bald von alleine aufhört. Mit dieser Erfahrung konnten sie es sich leisten, im Zimmer zu bleiben. Der Kater aber hat bis heute die Einstellung, dass er sich nur durch Flucht vor der »Katastrophe« retten kann.

Und wenn Sie jedesmal essen oder sich hinter Ihrem Gewicht verschanzen, wenn eine Angst hochkommt, dann stirbt diese Angst in Ihnen erst, wenn Sie selbst sterben.

Sie sehen, wenn Sie ein zufriedenes Leben führen wollen, dann führt kein Weg daran vorbei, sich mit Ihrer Wut und Ihren Ängsten auseinander zu setzen, sie auszuhalten und als Wegweiser zu nutzen. Angst macht Sie wachsam und reaktionsbereit, um Gefahren abzuwehren. Die Wut lässt Sie trotz der Angst auf Ihrem Weg bleiben und weitergehen. Wenn Angst und Scham Sie wieder einmal überfallen, dann sagen Sie immer wieder zu sich selbst: Ich bin in Ordnung, so wie ich bin. Ich stehe voll und ganz auf meiner Seite.

Gehen Sie direkt aufs Leben zu, polieren Sie Ihren Humor, riskieren Sie Verletzungen und »Katastrophen«. Lachen, lernen, üben, streiten, lieben, diskutieren und enttäuschen Sie. Fallen Sie tausendmal hin, und stehen Sie jedesmal wieder auf. Alles, was Sie überstehen, macht Sie noch stärker. Und wenn Ihr Leben dann so richtig satt und prall ist, dann können Sie immer noch abnehmen. *Wenn Sie es dann noch wollen!*

Anhang

Anmerkungen

1 Psychologie heute, Oktober 1999, Heft 10, S. 12.
2 Johnston, Anita: Die Frau, die im Mondlicht aß. Die uralte Weisheit von Märchen und Mythen hilft Frauen, Eßstörungen zu überwinden. Scherz Verlag, München 1997, S. 75.
3 Vgl. DAK-Magazin, 2/99.
4 Psychologie heute, September 1999, Heft 9, S. 9.
5 Psychologie heute, Mai 2000, Heft 5, S. 18.
6 Buchinger, Birgit/Hofstadler, Beate: Warum bin ich dick? Lebensprobleme und Übergewicht bei Frauen. Döcker Verlag, Wien 1997, S. 198.
7 Horney, Karen: Neue Wege in der Psychoanalyse. © Kindler Verlag, München. Alle Rechte vorbehalten S. Fischer Verlag GmbH, Frankfurt am Main, S. 204.
8 Wardetzki, Bärbel: Ohrfeige für die Seele. Wie wir mit Kränkungen und Zurückweisungen besser umgehen können. Kösel Verlag, München 2000, S. 32.
9 Weber, Gunthard: Zweierlei Glück. Die systemische Psychotherapie Bert Hellingers. Auer-Systeme, Heidelberg 2000, S. 191.
10 Horney, Karen, a.a.O., S. 205-206.
11 Wurmser, Leon: Die Maske der Scham. Die Psychoanalyse von Schameffekten und Schamkonflikten. Springer Verlag, Heidelberg 1998, S. 163.
12 Cosmopolitan, Februar 2001, Heft 2, S. 28.
13 Vgl. Friday, Nancy: Eifersucht. Die dunkle Seite der Liebe. Scherz Verlag, Bern, München, Wien 1986, S. 313.
14 Ebd., S. 313-314.
15 Wardetzki, Bärbel: Ohrfeige für die Seele. Wie wir mit Kränkungen und Zurückweisungen besser umgehen können. Kösel Verlag, München 2000, S. 50.
16 Vgl. Herriger, Catherine: Die böse Mutter. Warum viele Frauen dick werden und dick bleiben. Heyne Verlag, München 1990, S. 29.

17 Bechstein, Ludwig: Bechsteins Märchen. Cecilie Dressler Verlag, Hamburg 1994, S. 41-42.
18 Ebd., S. 45.
19 Ebd.
21 Psychologie heute, Oktober 2000, Heft 10, S. 18.
22 Bechstein, Ludwig: Bechsteins Märchen. Cecilie Dressler Verlag, Hamburg 1994, S. 46.
22 Ebd., S. 46.
23 Felton, Sandra: Im Chaos bin ich Königin. Überlebenstraining im Alltag. Brendow Verlag, Moers 1994, S. 72.
24 Scholz, Erdmann: Menschenkenntnis für die Praxis. Selbstverlag Dr. Erdmann Scholz, Möhrendorf über Erlangen, o.J., S. 44.
25 Schultz-Hencke, Harald: Der gehemmte Mensch. Entwurf eines Lehrbuches der Neo-Psychoanalyse. Thieme Verlag, Stuttgart, 1982, S. 192.
26 Vgl. Samel, Gerti: Die sieben Tibeterinnen. Das Geheimnis der Lebenslust. Copyright © 2001 by Rowohlt Verlag GmbH, Reinbek bei Hamburg, S. 118.
27 Ebd., S. 119.
28 Ebd.
29 Weber, Gunthard: Zweierlei Glück. Die systemische Psychotherapie Bert Hellingers. Carl-Auer-Systeme Verlag, Heidelberg 2001[14], S. 191.
30 Clementis, Francesca: Big Girls Don't Cry. Copyright © 2001 by Rowohlt Taschenbuch Verlag, Reinbek bei Hamburg, S. 183.
31 Hellinger, Bert: Anerkennen, was ist. Gespräche über Verstrickung und Lösung. Kösel Verlag, München 1996, S. 172.
32 Horney, Karen: Neurose und menschliches Wachstum. © Kindler Verlag, München. Alle Rechte vorbehalten S. Fischer Verlag GmbH, Frankfurt am Main, S. 16.
33 Roth, Geneen: Sehnsüchtiger Hunger. Wenn essen zum Ersatz für Liebe wird. Kösel Verlag, München 1992, S. 52.
34 Aron, Elaine: The Highly Sensitive Personality. How to thrive when the world overwhelmes you. Broadway Books, New York 1997, S. 15; Übersetzung durch die Autorin.
35 Burgard, Debby: Is Giving Up on Dieting Giving Up on Yourself?. Radiance, Fall 1991; www.radiancemagazine.com; Übersetzung durch die Autorin.
36 Brigitte, April 2001, Heft 8.
37 Burgard, Debby: Is Giving Up on Dieting Giving Up on Yourself?. Radiance, Fall 1991; www.radiancemagazine.com.
38 Rech, Heike: Starke Frauen – rund und schön. Optimal aussehen in XXL. Mosaik Verlag, München 1997, S. 12.
39 Roth, Geneen: Gönn' dir, was dir gut tut. 50 Tips, sich alle Diäten zu ersparen. Herder Verlag, Freiburg 2000, S. 101.

Literatur

Buchinger, Birgit/Hofstadler, Beate: Warum bin ich dick? Lebensprobleme und Übergewicht bei Frauen. Döcker Verlag, Wien 1997.

Clementis, Francesca: Big Girls Don‘t Cry. Rowohlt Verlag, Reinbek 2001.

Dahlke, Rüdiger: Gewichtsprobleme. Bedeutung und Chance von Über- und Untergewicht. Droemer Knaur Verlag, München 1998.

Felton, Sandra: Im Chaos bin ich Königin. Überlebenstraining im Alltag. Brendow Verlag, Moers 1994.

Felton, Sandra: Das Chaos ist besiegt! Mit Kreativität und Pfiff den Alltag im Griff. Brendow Verlag, Moers 1998.

Friday, Nancy: Eifersucht. Die dunkle Seite der Liebe. Scherz Verlag, Bern, München, Wien, 1986. (vergriffen)

Göckel, Renate: Endlich frei vom Esszwang. Zwölf Beispiele, wie man die Ess-Sucht überwinden kann. Kreuz Verlag, Stuttgart, 4. Aufl. 2001.

Göckel, Renate: Jetzt hab ich‘s satt. Essprobleme überwinden. Kreuz Verlag, Stuttgart, 2. Aufl. 2000.

Göckel, Renate: Brave Mädchen holt der Wolf. Schluss mit der weiblichen Selbstverleugnung. Ullstein Verlag, München 2000.

Göckel, Renate: Eßsucht oder die Scheu vor dem Leben. Eine exemplarische Therapie. Rowohlt, Reinbek 1988. (vergriffen)

Hellinger, Bert: Anerkennen, was ist. Gespräche über Verstrickung und Lösung. Kösel Verlag, München 1996.

Herriger, Catherine: Die böse Mutter. Warum viele Frauen dick werden und dick bleiben. Heyne Verlag, München 1990.

Horney, Karen: Neue Wege in der Psychoanalyse. Kindler Verlag, München, o. J.

Horney, Karen: Neurose und menschliches Wachstum. Kindler Verlag, München, o. J.

Johnston, Anita: Die Frau, die im Mondlicht aß. Die uralte Weisheit von Märchen und Mythen hilft Frauen, Eßstörungen zu überwinden. Scherz Verlag, München 1997.

Orbach, Susi: Antidiätbuch. Über die Psychologie der Dickleibigkeit, die Ursachen von Eßsucht. Verlag Frauenoffensive, München, 15. Aufl. 1991.

Psychologie heute, September 1999, Heft 9.

Psychologie heute, Oktober 1999, Heft 10.

Psychologie heute, Mai 2000, Heft 5.

Psychologie heute, Oktober 2000, Heft 10.

Rech, Heike: Starke Frauen – rund und schön. Optimal aussehen in XXL. Mosaik Verlag, München 1997. (vergriffen)

Roth, Geneen: Sehnsüchtiger Hunger. Wenn essen zum Ersatz für Liebe wird. Kösel Verlag, München 1992. (vergriffen)

Roth, Geneen: Gönn' dir, was dir gut tut. 50 Tips, sich alle Diäten zu ersparen. Herder Verlag, Freiburg 2000.

Samel, Gerti: Die sieben Tibeterinnen. Das Geheimnis der Lebenslust. Rowohlt Verlag, Reinbek 2001.

Scholz, Erdmann: Menschenkenntnis für die Praxis. Selbstverlag Dr. Erdmann Scholz, Möhrendorf über Erlangen, o.J.

Schultz-Hencke, Harald: Der gehemmte Mensch. Entwurf eines Lehrbuches der Neo-Psychoanalyse. Thieme Verlag, Stuttgart 1982.

Wardetzki, Bärbel: Ohrfeige für die Seele. Wie wir mit Kränkungen und Zurückweisungen besser umgehen können. Kösel Verlag, München 2000.

Weber, Gunthard: Zweierlei Glück. Die systemische Psychotherapie Bert Hellingers. Carl-Auer-Systeme, Heidelberg, 14. Aufl. 2001.

Wurmser, Leon: Die Maske der Scham. Die Psychoanalyse von Schameffekten und Schamkonflikten. Springer Verlag, Heidelberg 1998.

Die Deutsche Bibliothek – CIP-Einheitsaufnahme
Ein Titeldatensatz für diese Publikation ist bei der
Deutschen Bibliothek erhältlich.

1 2 3 4 5 06 05 04 03 02

Ein Unternehmen der Verlagsgruppe Dornier
Postfach 80 06 69, 70506 Stuttgart, Tel.: 0711/78 80 30
Sie erreichen uns rund um die Uhr unter www.kreuzverlag.de
Umschlagfoto: MEV
Umschlaggestaltung: OUTPUT KreativAgentur Waiblingen,
Werner Hildenbrand
Satz: Rund ums Buch – Rudi Kern, Kirchheim/Teck
Druck und Bindung: Kösel, Kempten

Die Schreibweise entspricht den Regeln der neuen Rechtschreibung.

ISBN 3 7831 2068 3